Schinzilarz
**Besser kommunizieren im Beruf
durch Gerechtes Sprechen**

Cornelia Schinzilarz

Besser kommunizieren im Beruf durch Gerechtes Sprechen

Cornelia Schinzilarz leitet seit Jahren erfolgreich ihr Institut »KICK Institut für Coaching und Kommunikation« in Zürich. Sie ist Supervisorin, Kommunikationsfachfrau, Humorcoach, Dozentin und Theologin. In ihrem Institut bietet sie Supervision, Coaching und Beratung für Frauen und Männer in den verschiedensten beruflichen Situationen und ein gezieltes Weiterbildungsprogramm in den Bereichen Gerechtes Sprechen, Humorcoaching, Gerechte Erinnerungsarbeit und in ressourcen- und lösungsorientierter Beratung an. Sie arbeitet als Dozentin in verschiedenen Ausbildungsinstitutionen und an Fachhochschulen.

Das Werk und seine Teile sind urheberrechtlich geschützt.
Jede Nutzung in anderen als den gesetzlich zugelassenen Fällen
bedarf der vorherigen schriftlichen Einwilligung des Verlages.
Hinweis zu § 52a UrhG: Weder das Werk noch seine Teile dürfen
ohne eine solche Einwilligung eingescannt und in ein Netzwerk
eingestellt werden. Dies gilt auch für Intranets von Schulen
und sonstigen Bildungseinrichtungen.

Lektorat: Ingeborg Sachsenmeier

© 2011 Beltz Verlag · Weinheim und Basel
www.beltz.de
Herstellung: Nancy Püschel
Satz: Druckhaus »Thomas Müntzer«, Bad Langensalza
Druck: Beltz Druckpartner, Hemsbach
Umschlaggestaltung: glas AG, Seeheim-Jugenheim
Umschlagabbildung: © Fotolia/endostock
Printed in Germany

ISBN 978-3-407-36495-1

INHALTSVERZEICHNIS

Vorwort   7

Besser kommunizieren – eine Einführung
Kommunizieren wollen   10
Zu fragen wagen   11
Kommunikation – die soziale Kompetenz   13
Vom Einsamen zum Gemeinsamen   15

Feedbackkultur
Was eine gute Feedbackkultur ausmacht   18
Feedback in formellen Strukturen   20
Spontanes Feedback   26

Konferenzen und Meetings
Gemeinsames Denken   30
Das strukturierte Gespräch   32
Der Diskurs   38

Erfahrungsaustausch
Von Erfolgen berichten   42
Über das Erinnern   43
Erfolge auseinandersprechen   45
Das Scheitern genießen   48

Pausen sind Pausen sind Pausen…
Mit Humor und Gerechtem Sprechen in die Pause   52
Humor – Der Perspektivenwechsel in der Zusammenarbeit   53
Humorhandlungen   55

Humor und Lachen im Wollensystem	**60**
Humor und Lachen im Pausenraum	**61**
Humor und Lachen als Burnout-Prophylaxe	**63**

Konflikte

Die notwendigen Streitereien	**66**
Professionelle Streitkultur	**67**
Gerechtes Streiten	**70**

Gerechtes Sprechen – ein Einblick

Sprache benennt und erschafft Wirklichkeiten	**76**
Es gilt das gesprochene Wort	**78**
Es gilt das zugehörte Wort	**79**
Zuhörend verstehen wollen	**80**
Konsequenzen der Grundlagen	**82**
Philosophisch-ethische Grundannahmen des Gerechten Sprechens	**84**

Das Kommunikationsmodell Gerechtes Sprechen

Sprache und Sprechen	**90**
Entscheidungsgerechtes Sprechen	**92**
Situationsgerechtes Sprechen	**95**

Gerechtes Hören

Hören und Zuhören	**98**
Empathisches Zuhören	**99**
Sich selbst zuhören	**103**

Zusammenfassender Ausblick

FAQ – Häufig gestellte Fragen	**106**

Anhang

Glossar der entwickelten und neu genutzten Begriffe	**110**
Kommentiertes Literaturverzeichnis	**113**

VORWORT

Ja, ich erinnere mich, wie es ist, zur Arbeit zu kommen und die gemeinsamen Pausenräume zu betreten. Wie es ist, von den einen freudig begrüßt, von anderen mitleidig belächelt zu werden und wenn wieder andere sich einfach abwenden.

Die Zusammenarbeit in kleinen bis größeren Teams wird erfahrungsgemäß nach individuellen Sympathien ausgerichtet und weniger an den vorhandenen Kompetenzen. Es gibt ebenso bei Erwachsenen noch die Cliquen, in denen sich je nach Bedarf die so passenden Menschen zusammenfinden.

Ja, es ist wahrlich jedes Mal so eine Sache mit der Kommunikation. Wie sage ich das, was ich sagen will und doch eigentlich viel lieber verschweigen möchte? Wie höre ich das, was mir gesagt wird und was ich am liebsten sofort zurückweisen möchte? Es ist schon ein Kreuz mit dieser Kommunikation, die wir doch so dringend brauchen und vor der wir gleichzeitig am liebsten fliehen würden.

Dennoch: Ja, es gibt diese Möglichkeit einer gelungenen Kommunikation – und sie hat ausschließlich mit denen zu tun, die an ihr beteiligt sind.

Sie halten nun ein Buch in Ihren Händen, mit dem Sie entdecken können, wie Sie Kommunikation gelingen lassen können. Denn nur Sie selbst sind diejenigen, die es wahrlich in der Hand haben, ob ein Gespräch nun Spaß oder Elend bringt.

Und: Ja, dieses Buch zeigt auf, wie Sie in beruflichen Kontexten so miteinander sprechen können, dass Sie die eigene und die gemeinsame Arbeit als freudig und leistungsstark entwickeln und leben. Lassen Sie sich ein auf das Wagnis der gelungenen Kommunikation, und sprechen und hören Sie. So gelingt es Ihnen, besser zu kommunizieren.

Falls Sie zunächst die Grundlagen des Gerechten Sprechens interessieren, diese finden Sie auf Seite 76 ff. Und das Glossar der entwickelten und neu genutzen Begriffe finden Sie ab Seite 110.

Nun wünsche ich Ihnen viel Spaß beim Lesen und viel Erfolg. – Das Abenteuer mag beginnen!

Besser kommunizieren – eine Einführung

KOMMUNIZIEREN WOLLEN

Eine gelungene Kommunikation besteht aus verschiedenen sprechenden und zuhörenden Handlungen: erkundigen, nachfragen, antworten, erforschen, spekulieren, befragen, erwidern, Ideen einbringen, zuhören, fragen, klären, zurückweisen, anfragen, fantasieren, sprechen, hinterfragen, bitten, entgegnen, lösen und vieles andere mehr. Mit anderen Worten: Kommunikation ist eine aktive Angelegenheit, und Handlungen wie abblocken, störrisches und bockiges Verhalten, dichtmachen, Vorhang schließen, sich schmollend oder wütend abwenden sind fehl am Platz, denn diese Reaktionen verhindern genau das, was jeder erreichen möchte: eine gelungene Kommunikation.

Kommunizierenwollen ist ein wesentlicher Bestandteil, mit dem Sie sich durch den beruflichen Alltag bewegen. Sie wollen miteinander sprechen, sich austauschen und zu optimalen Lösungen kommen. Sie wollen den anderen zuhören und sie verstehen, um darauf aufbauend das Beste für die Sache herauszuholen. Sie wollen einander in den Kompetenzen und Ressourcen wahrnehmen und so eine Zusammenarbeit entstehen lassen, in der Sie lustvoll pausieren und konstruktiv streiten.

Die eigene Haltung ist ausschlaggebend für das Wahrnehmen und Erschaffen von Arbeitszusammenhängen. Aus der Glücksforschung wissen wir, dass die Sprichworte zutreffen: Sie sind Ihres Glückes Schmied. Oder: Wie Sie in den Wald hineinrufen, so schallt es auch zurück. Und mit dem Kommunikationsmodell Gerechtes Sprechen gehen wir davon aus, dass Sie mit Sprache Wirklichkeiten benennen und erschaffen; dabei gilt das gesprochene Wort und Sie sagen, was Sie meinen, und meinen, was Sie sagen.

ZU FRAGEN WAGEN

Als erwachsene Person Fragen zu stellen, heißt Schwäche zu zeigen – dieser Irrtum ist leider noch immer weit verbreitet. Als kompetente Berufsperson gehen Sie grundsätzlich davon aus, dass Sie vieles bis alles wissen von dem, worauf es ankommt. Und so können Sie antworten und trauen sich selten zu fragen. Eine Kommunikation wird in vielen Fällen zu einem Schlagabtausch mit dem Ziel zu zeigen, dass Sie besser sind als die anderen.

Hier jedoch geht es darum, wieder das Fragen zu wagen, sich auch als neugierig und wissensdurstig zu präsentieren, denn dann können Sie gemeinsam neue Wege und andere Lösungen finden. Erinnern Sie sich an Sokrates, dem der zentrale Satz nachgesagt wird: »Ich weiß, dass ich nichts weiß«. Er ging davon aus, zuerst einmal ein Nichtwissender zu sein, um dann fragend die Welt verstehen zu können. Nehmen wir also mit Sokrates die Haltung von Gerechtem Sprechen ein, in der wir fragend die eigene und die Welt der anderen entdecken und zusammenfügen.

Aufbauend auf das eigene Können und die vorhandenen Kompetenzen werden Sie ab jetzt nachfragend, erfragend, fragend die einsame und gemeinsame Welt entdecken und entwerfen. Darauf aufbauend entwickeln Sie eine Zusammenarbeit, in der Sie sich wiederum fragend bewegen. Sie erweitern so das eigene Wissen und tragen zudem auch zur Wissenserweiterung der anderen bei.

In folgenden Zusammenhängen sind Fragen möglich:

- Informationen erfragen
- besseres Verständnis erreichen
- sich und andere zum Denken anregen
- tieferes Wissen erlangen
- gemeinsam etwas zu Ende denken
- Lösungen suchen und finden
- Bereiche eingrenzen

Bei all diesen Fragenzusammenhängen ist die Grundlage von Bedeutung, auf der aufbauend gefragt wird. In der Haltung des Gerechten Sprechens gehen wir davon aus, dass wir einerseits viel und andererseits nichts wissen. In diesem Paradoxon bewegen Sie sich ständig in beruflichen Kontexten, und das Fragen zu wagen stellt demnach einen wesentlichen Teil Ihrer beruflichen Kompetenz dar.

KOMMUNIKATION – DIE SOZIALE KOMPETENZ

Jede zwischenmenschliche Begegnung ist wesentlich durch Kommunikation bestimmt. Können wir im privaten Bereich des Lebens hier und da einfach einmal vor uns hinreden, ist die Verständigung im beruflichen Leben strategisch zu betrachten. Jede Kommunikation im Beruf ist bezahlte Zeit und damit gewinnbringend zu gestalten. Wenn Sie im Beruf mit anderen sprechen, verfolgen Sie Ziele oder suchen nach Lösungen oder gestalten gegenseitige Verständigung, um auf einen gemeinsamen Nenner zu kommen. Demnach betrachten wir berufliche Kommunikation als soziale Kompetenz, die sowohl mit der Zielgruppe als auch mit den Kollegen und ebenso mit der Chefin abgesprochen und geregelt ist. Wer sich außerhalb dieser sozialen Kompetenz der Kommunikation bewegt, wird in dafür zur Verfügung gestellten Zusammenhängen bewertet und gegebenenfalls auch abgemahnt.

Soziale Kompetenzen sind erlernbar. Wir trainieren sie in der Ausbildung und vertiefen sie in Weiterbildungen, um die notwendigen zwischenmenschlichen Begegnungen sinnvoll, zielorientiert und wirkungsrelevant zu gestalten. Soziale Kompetenzen bilden den Grundstock für den Erfolg jeder Zusammenarbeit. In der Kommunikation sind verschiedene soziale Kompetenzen miteinander verbunden: freundlich sein und freundlich bleiben, Zielorientierung, Streitfähigkeit, Koordinations- und Kooperationskompetenz, Wahrnehmungsschärfe insbesondere im Zuhören, klare und verständliche Ausdrucksweise und noch einiges mehr.

Letztlich ist die kommunikative Kompetenz die wichtigste Kompetenz in Berufen, in denen es um die Arbeit mit Menschen und in der Zusammenarbeit mit anderen Berufspersonen geht. Sie ist das Fundament für die gesamte Sozialkompetenz, die in diesen Berufen einen großen Stellenwert besitzt.

Sie kennen diese Situationen, in denen Sie sich durch einen Kollegen herausgefordert fühlen und am liebsten bereitwillig in den Ring steigen würden, um sich mit ihm zu duellieren. Gleichzeitig wissen Sie, dass ein solches Verhalten im beruflichen Kontext verpönt ist. Nun ringen Sie mit der Fassung und unterdrücken Ihre Gefühle. Betrachten wir nun Kommunikation als eine soziale Kompetenz, können Sie in einer solchen Situation zum Beispiel sagen:

»Du hast mich dreimal in meinen Ausführungen unterbrochen. Ich hatte die Erwartung, dass du mir bis zum Ende zuhörst. Ich rege mich gerade heftig auf. Was willst du mit deinem Verhalten erreichen?«

Ich bin sicher, Sie werden ein anderes Gespräch haben, als wenn Sie mit Ihren unterdrückten Gefühlen über Ihren Kollegen herfallen oder später einfach einmal schlecht über ihn reden. Einen Versuch ist es sicher wert.

VOM EINSAMEN ZUM GEMEINSAMEN

Sie kennen sie alle, diese Situationen, in denen Sie mit Ihren Kolleginnen oder mit Personen aus anderen Berufsgruppen verhandeln, Besprechungen haben und sich austauschen wollen. Gleiche Begriffe meinen etwas anderes, die Kulturen sind grundverschieden und die Erwartungen können Sie bestenfalls erahnen. Wenn Sie nun, anstatt die Unterschiede zu betonen, die Gemeinsamkeiten herausstreichen, dann erschaffen Sie eine Dynamik, in der es Freude macht, das Eigene zu berichten und das Fremde zu lernen.

Im Konsens liegt wahrlich ein Zauber, der die verschiedensten Personen und Positionen miteinander in Verbindung bringt. Darauf aufbauend können Sie dann in die muntere Auseinandersetzung um die Sache einsteigen. Die viel gerühmte Sachlichkeit wird gestaltet und gelebt. Gefühle dienen in einem solchen Prozess dem Verstehen der Dinge, Ideen und Vorgehensweisen.

So von der oftmals einsamen Tätigkeit des Unterrichtens, des Führens, des Beratens in die Kommunikation mit anderen einzusteigen, unterstützt die eigene und die gemeinsame Arbeit. Auch hier ist Ihre Haltung von wesentlicher Bedeutung. Bewerten Sie Ihre Kollegen als lästig und die andere Berufsgruppe als sowieso überflüssig, gestalten Sie ein Gespräch vollkommen anders, als wenn Sie davon ausgehen, dass jede Berufsgruppe ihre Berechtigung hat und Ihre Kolleginnen über Ressourcen verfügen. Im Kommunikationsmodell Gerechtes Sprechen gehen wir davon aus, dass jede Berufsgruppe ihre je eigenen Identifikationen hat und über Grundsätze verfügt, an denen sich die Personen orientieren. Vor diesem Hintergrund verfügen alle Kollegen über verschiedenste Zugänge und Ressourcen zu den gleichen Zusammenhängen.

Diese am jeweiligen Können ausgerichtete Perspektive auf die Zusammenarbeit, die die Einzelnen zum gemeinsamen Tun auch in der Verschiedenheit verpflichten, macht Zweifel an eben dieser Perspektive überflüssig. Und falls dennoch Zweifel an diesen Ideen aufkommen, werden sowohl die Gesamtlage als auch einzelne Situationen analysiert, um Antworten auf die Zweifel zu finden.

An diesen Überblick anschließend werden wir einzelnen Themen zur Zusammenarbeit nachgehen und Vorgehensweisen entwickeln, mit denen Sie

Ihre Kommunikation verbessern können – sei es im Gespräch mit Einzelnen oder in Gruppen. Übungen und Anregungen sowie Beispiele ergänzen die Ausführungen und werden durch konkrete Tipps für Ihre berufliche Praxis vervollständigt. So beschäftigen wir uns mit der Feedbackkultur, mit Konferenzen und Meetings, dem Erfahrungsaustausch, der Pausenkommunikation und den immer wieder vorkommenden Konflikten. Falls Sie beim Lesen des Textes, der Übungen und der Ideen auf neue Begriffe stoßen oder verblüffende Annahmen entdecken, finden Sie die Erläuterungen dazu in den dann folgenden Kapiteln (s. S. 76 ff.). Dort beschäftigen wir uns mit dem Kommunikationsmodell Gerechtes Sprechen, das die Grundlage für eine bessere Kommunikation darstellt. Hier gebe ich Ihnen einen Einblick in die Grundlagen von Gerechtes Sprechen und führe Sie in die philosophisch-ethischen Grundannahmen ein. Zudem zeichne ich Ihnen die für dieses Buch wesentlichen Stichworte von Gerechtes Sprechen und Gerechtes Hören nach.

Zum Abschluss schauen wir anhand der häufigsten Fragen von der Gegenwart in die Zukunft. Ein Glossar der neu entwickelten Begriffe und ein kommentiertes Literaturverzeichnis runden das Buch ab.

Feedbackkultur

WAS EINE GUTE FEEDBACKKULTUR AUSMACHT

Eines wissen wir heute sicher: Geben Sie Ihren Kolleginnen, Mitarbeitern, Chefinnen, Schülern und Klientinnen ein bisschen Anerkennung für ihre geleistete Arbeit oder für ihre gezeigten Fähigkeiten, und schon steigt die Motivation und der Leistungswille. In einer solchen Atmosphäre von gegenseitiger Rückmeldung entlang der Ressourcen und des Könnens, arbeiten und lernen alle Beteiligten leichter und lustvoller. Es gilt also, eine Kultur einzurichten, in der es normal ist, einander für erkannte Leistungen und wahrgenommene Kompetenzen zu loben. Ein solches Umfeld schützt vor Burnout und stellt damit eine erfolgreiche Gesundheitsprävention dar. Zudem ist es möglich, die vorhandenen Fehler und Schwächen ressourcenorientiert anzusprechen und damit ebenfalls zu einer Leistungssteigerung beizutragen.

Ein wesentlicher Schwerpunkt in der kommunikativen Zusammenarbeit ist demnach die Feedbackkultur. Kulturen einzurichten oder wachzuhalten sind laufende Prozesse, die am Leben erhalten werden durch konsequentes Umsetzen der Ideen, Regelmäßigkeit und Kontrolle. Nach einem Überblick, was Feedbackkultur bedeutet, stelle ich Ihnen im Folgenden einige Ideen vor, wie Sie in Ihrem Arbeitsalltag dazu beitragen können, eine lebendige und ressourcenorientiere Feedbackkultur zu leben. Ein Feedback dient der Reflexion, der Leistungssteigerung und der Professionalisierung des eigenen und des gemeinsamen Könnens. Eine Feedbackkultur berücksichtigt in der konkreten Ausübung der Rückmeldung die verschiedenen Ebenen der jeweiligen Institution:

- das kollegiale Feedback,
- das Feedback durch die Leitung und
- das Zielgruppenfeedback.

Für den schulischen Alltag übersetzt, gibt es das Feedback durch die anderen Lehrpersonen, die Schulleitung und durch die Lernenden. Im Alltag von Coaches und Trainerinnen gibt es das Feedback durch die Teilnehmerinnen, die Klienten, die Kolleginnen und – falls sie eingebunden sind in eine Organisation – durch die Leitung. Für Führungspersonen gibt es Feedback durch die Mitarbeitenden, wenn es weitere Vorgesetzte gibt, durch diese, und von den externen Kontakten. Es findet sowohl formell strukturiert als auch spontan statt und folgt im besten Fall klaren Regeln.

Die **Regeln des Feedbacks** auf der Grundlage von Gerechtes Sprechen sind:

- Die Grundhaltung ist orientiert am Gerechten Sprechen und lässt sich zusammenfassen mit den Worten: »freundlich sein und freundlich bleiben«.
- Es gilt eine radikale Ressourcen- und Lösungsorientierung.
- Sie sagen, was Sie meinen, und meinen, was Sie sagen.
- Ihre eigene Wahrnehmung ist von Ihnen her, im Wollensystem und situationsgerecht gesprochen.
- Eigene Bewertungen werden als solche gekennzeichnet.
- Jedes Feedback ist ein Angebot und Sie hören es auch als solches.
- Sie hören dem zu, was Sie hören. Bei Irritationen fragen Sie nach.
- Es gibt gemeinsame Kriterien, an denen entlang Sie das Feedback ausrichten.

Die Konzentration wird im Folgenden auf den kommunikativen Teil des kollegialen und des Leitungsfeedbacks gelegt.

FEEDBACK IN FORMELLEN STRUKTUREN

In den dafür vorgesehenen Gefäßen – wie beispielsweise Qualifikations- beziehungsweise Mitarbeitergespräche oder Auswertungen oder Intervisionen – wird ein Feedback in der Regel vorher durchdacht und vorbereitet.

Auseinandersprechen

Das Auseinandersprechen von Situationen bietet in diesem Zusammenhang ein strukturiertes Vorgehen, welches Ihnen ermöglicht, ein an den Ressourcen orientiertes Feedback zu geben, mit dem weitergearbeitet werden kann. Hier ist es von Bedeutung, dass Sie von dem sprechen, was anwesend ist, und das außen vor lassen, was hätte sein können. Anhand der folgenden Stichworte können Sie sich auf das Feedbackgespräch vorbereiten.

Verantwortlichkeiten
- Wer ist wofür in dieser Situation verantwortlich?
- Wer ist wofür in dieser Situation zuständig?
- Wie sind die Verantwortlichkeiten und Zuständigkeiten umgesetzt worden?
- Gibt es Abmachungen und Regeln?
- Wie wurden diese eingehalten?

Soziale Kompetenzen
- Welche sozialen Kompetenzen wurden wie aktiviert und eingesetzt?
- Woran machen Sie Ihre Beobachtungen fest?

Sprache
- Wie wurde gesprochen und zugehört? An welchen Beobachtungen machen Sie das fest?
- Welche Satzkonstruktionen wurden gehäuft verwendet?
- Stimmten gehörtes Wort und die weiteren Wahrnehmungen von Körper, Tonlage, Mimik und Gestik überein?

Kriterien
- Sind die abgemachten Kriterien angewandt und umgesetzt worden?
- Wie wurden diese umgesetzt und angewandt?

Erfolg
- Gab es eine adäquate Zielsetzung?
- Wurde diese erreicht?
- Wie wurde sie erreicht?
- Sind passende Lösungen gefunden, Ergebnisse erzielt worden?

Wirkung
- Welche kurz-, mittel- und langfristigen Wirkungen wurden bei sich selbst, den anderen und für die Situation erwirkt?
- Fand ein Perspektivenwechsel statt und woran machen Sie das fest?
- An welchen Ressourcen wurde sich orientiert?

Gesamtauswertung
- Was war im Gesamten optimal gestaltet und umgesetzt?
- Was war im Gesamten zufriedenstellend gestaltet und umgesetzt?
- Was möchten Sie wie verändert haben? Welche Veränderungen möchten Sie anregen?

Machen Sie sich dazu ein Raster, in das Sie Ihre dazu passenden Notizen eintragen können. Unterscheiden Sie bei jeder Frage das, was Sie hören oder sehen, von dem, was Sie dazu denken. Aktivieren Sie Ihren Zuhörprozess und denken Sie das Wahrgenommene anhand dessen auseinander.

Ein Beispiel für ein solches Feedback finden Sie auf der nächsten Seite. Im Internet können Sie sich dieses Raster zudem als Download herunterladen.

Selbstverständlich können Sie aus den verschiedenen Fragen auswählen und sie für Ihre Situation übersetzen. Wichtig ist bei einem vorbereiteten Feedback, das Sie anhand von Beispielen vorgehen und diese entlang der vorhandenen Ressourcen und bisherigen Erfolge darstellen. Darauf aufbauend können Veränderungen und Verbesserungen besprochen und umgesetzt werden.

Beim mündlichen Feedback ist es von Bedeutung, dass alle drei Bereiche der Gesamtauswertung zur Sprache kommen. Zuerst werden alle Zusammenhänge gesagt, die optimal verlaufen sind, dann die zufriedenstellenden, um darauf aufbauend die Zusammenhänge zu besprechen, die verändert werden. Hier halten Sie sich an die Regeln eines Feedbacks (s. S. 19) und geben Zeit zum Nachfragen und Verstehen Ihrer Worte.

Feedbackraster

	Was ist optimal?	Was ist zufriedenstellend?	Was wollen wir verändern?	Ideen
Verantwortlichkeiten				
Soziale Kompetenzen				
Sprache				
Kriterien				
Erfolg				
Wirkung				

Feedbackgespräch

In einem hierarchisierten Feedbackgespräch, in dem die leitende Person ein Feedback gibt, ist es sinnvoll, das genaue Setting zu strukturieren und zu benennen. Das geht von der Dauer über die Räumlichkeiten bis hin zum Protokoll. Die Sprache ist wertschätzend zu halten und die Zuhörhaltung des Gerechten Zuhörens ist sowohl sich selbst als auch der anderen Person gegenüber einzunehmen. So ist eine unterstützende und motivierende Situation hergestellt und das Feedback kann beginnen.

Wenn Sie Unterlagen vorbereitet haben, stehen diese allen Beteiligten zur Verfügung. Nun wird dem Raster nach, den Regeln und dem Grundmuster des spontanen Feedbacks folgend, Gerechtes Sprechen nutzend, Rückmeldung gegeben.

Nehmen Sie sich bitte Zeit, um die optimalen und die zufriedenstellenden Zusammenhänge deutlich und prägnant zu benennen. Hier liegt das Potenzial, auf dem aufbauend Veränderungen angestrebt und umgesetzt werden können. Es ist wichtig, die jeweiligen Situationen in ihren Einzelheiten zu sprechen und auf Pauschalaussagen zu verzichten.

Anhand des folgenden Beispiels – einer Lehrerin wird Feedback zu Ihrem Unterricht gegeben – wird deutlich, wie ein solches Feedback mithilfe des Rasters gestaltet werden kann.

Eine Lehrerin wird von einigen Schülern ihrer Klasse kritisiert. Sie sagen über sie, dass sie zu schnell im Lehrstoff voranginge und zu wenig auf die Bedürfnisse der Schüler einginge.

Nun denken wir die Situation mithilfe der Schwerpunkte und des Rasters auseinander.

Feedbackraster

	Was ist optimal?	Was ist zufriedenstellend?	Was wollen wir verändern?	Ideen
Verantwortlichkeiten	Bringt den Lehrstoff bei.	Fordert die Schüler heraus.	Langsamer in der Vermittlung vorgehen.	Reduktion des Stoffes auf das Nötige, Verzichten auf zusätzliche Inhalte
Soziale Kompetenzen	Bleibt auch bei Angriffen seitens der Schüler gelassen und ruhig.	Unterricht zwischendrin auch humorvoll gestalten, das gelingt mehr und mehr.	Führt zu straff und auch mal an den Schülerinnen vorbei.	Ausgewogenes Verhältnis von Nähe und Distanz prüfen.
Sprache	Ist am Inhalt des Unterrichtes ausgerichtet.	Hört den Schülern zu.	Mehr eingehen auf die Wünsche der Schülerinnen und Schüler.	Zuhören deutlicher werden lassen.
Kriterien	Erfüllt das Kriterium der Stoffvermittlung.	Hat Ideen zur Umsetzung des Inhalts.	Schüler besser einbinden in den Unterricht.	Mehr Gruppenarbeit, sodass die Langsamen und die Schnellen sich aneinander angleichen können.
Erfolg	Inhalte und Stoff wurden vermittelt.	Spannungen frühzeitig erkannt und aufgenommen.	In der Intensität der Inhalte über das Ziel hinausgeschossen	Auch hier: Reduktion des Stoffes auf das Nötige, Verzichten auf zusätzliche Inhalte.
Wirkung	Langfristig sehr gutes Material abgegeben und Einzelnes vertieft.	Durch Ernstnehmen des Anliegens der Schüler konnte ein Perspektivenwechsel erreicht werden.	Kurzfristige Überforderung der Schüler vermeiden.	Material kann bleiben. Weniger im Unterricht konkret durchnehmen.

Mithilfe dieses Rasters wird es möglich, Rückmeldungen auf hochkomplexe Zusammenhänge zu geben. Das ausgefüllte Raster wird zu Beginn des Gesprächs der betroffenen Person ausgehändigt. So kann sie sich Notizen machen; und es dient als Erinnerung und als Unterstützung im weiteren Prozess. Denken Sie bitte daran, sich Zeit zu nehmen für die beiden Reflexionszusammenhänge, in denen es um die optimalen und zufriedenstellenden Gegebenheiten geht.

SPONTANES FEEDBACK

Gehen wir davon aus, dass Sie sich im Feedback in formellen Strukturen geübt und sich im Auseinandersprechen zu bewegen gelernt haben. Jetzt wenden Sie dieses Vorgehen auch in spontanen Feedbacks an. In der Haltung des Freundlichseins und Freundlichbleibens teilen Sie Ihre Wahrnehmung mit, kombinieren diese mit einer Bewertung und schließen gegebenenfalls mit einer Frage oder einem Angebot. Dabei orientieren Sie sich an den Stichworten Verantwortung, soziale Kompetenzen, Sprache, Kriterien, Erfolg und Wirkung. Während Sie sprechen, hören Sie sich selbst zu und korrigieren sich, wenn es nötig ist.

Dann hört sich das zum Beispiel so an:

»Ich habe gesehen und gehört, wie Sie heute über mich gelacht und gelästert haben. Wir haben miteinander vereinbart, über das zu reden, was uns angeht. Ich finde es falsch, dass Sie diese Abmachung verletzt haben. Und ich erwarte von Ihnen, dass Sie ab jetzt mit mir das besprechen, was auch mich angeht und anderen gegenüber dazu schweigen. Was sagen Sie dazu?«

Oder: »Wir hatten vereinbart, dass du die Klasse über die kommende Klassenfahrt informierst. Ich habe mich darauf verlassen. Nun weiß die Klasse noch nichts davon. Was willst du erreichen?«

Oder: »Ich höre dich heute schon das dritte Mal darüber reden, dass du zu wenig Zeit hast, um dich auf den Unterricht vorzubereiten. Was willst du damit ausdrücken? Was erwartest du von mir, der du das so oft erzählst?«

Es ist sinnvoll, in spontanen Feedbacks dem in den Beispielen angewendeten Grundmuster zu folgen:

- Wahrnehmung beschreiben,
- Bewertung aus der eigenen Perspektive,
- Ausblick in Form einer Frage, eines Lobes oder Angebotes.

Aufgrund dieser Einteilung bleiben Sie sachlich und freundlich. Sie beschreiben den Zusammenhang, um den es Ihnen geht, bewerten ihn aus Ihrer Perspektive und fordern durch die Frage die Verantwortungsübernahme des Gegenübers ein.

Die klare Ressourcenorientierung ist darin erkenntlich, das die Verantwortung dort gelassen wird, wo sie hingehört, und die Fragen so gestellt werden, dass nach vorne gedacht werden kann. Hier wird keine Analyse des Gewesenen gesucht, sondern vielmehr die Möglichkeit eröffnet, für die Zukunft gemeinsame Lösungen zu entwerfen. In einer Zusammenarbeit kommt es darauf an, dass die täglichen Kontakte und Gespräche so ausgerichtet sind, dass die einzelnen und die gemeinsamen Leistungen an Qualität zunehmen.

In spontanen Feedbacks geht es auch um zwischenmenschliche Belange. Das Spannungspotenzial des Einzelkämpfertums in der Zusammenarbeit in einem Team ist groß. Hier geht es darum, die zwischenmenschlichen Töne ausgeglichen zu gestalten und herauszufinden, wie tatsächlich alle daran mitwirken können. Eine Form ist das ehrliche Feedback. Dies gilt insbesondere, wenn Situationen gestaltet werden, die eine mögliche Harmonie stören. Zu einer ausgeglichenen Harmonie gehören sowohl die Zeiten des gemeinsamen Lachens als auch die leisen und die streitenden Töne – all das der Sache zuliebe.

Weitere Beispiele:

»Die Rede, die Sie bei unserer letzten Tagung zu Coaching und Forschung gehalten haben, war gut strukturiert und Sie haben alle wesentlichen Punkte angesprochen. Mir hat das sehr gefallen. Vielen Dank dafür.«

Oder: »Meine Klasse hat mir erzählt, dass sie eine ganz tolle Stunde mit dir erlebt haben. Das hat mich gefreut und ich erzähle es dir gerne weiter. Denn so ein Lob tut doch einfach gut.«

Oder: »Ich habe deine Unterlagen zum Ablauf einer Intervention von deiner Website heruntergeladen. Sie sind gut aufgebaut und spannend präsentiert. Es war eine wahre Freude, sie zu lesen. Ich habe den Ablauf letzte Woche mit einer Gruppe ausprobiert, und es hat prima funktioniert.«

Oder: »In der letzten Zeit sehe ich dich oft lächeln. Das gefällt mir und ich lasse mich gerne davon anstecken. Danke!«

Gehen Sie nun also in die tägliche Zusammenarbeit mit der Haltung des »freundlich sein und freundlich bleiben«, mit der Erwartung, dass Sie alle Ressourcen und Möglichkeiten erkennen wollen, und dem Wissen darum, dass Sie sprechend jederzeit sagen, was sie meinen und auch meinen, was Sie sagen.

Tipps für die Umsetzung

Reflexion der eigenen Arbeit: Nutzen Sie das Feedbackraster auch zur Reflexion Ihrer eigenen Arbeit. Gerade wenn Sie einen Erfolg erzielt haben, denken Sie diesen anhand des Rasters auseinander: So machen Sie das dem Erfolg innewohnende Vorgehen wiederholbar. Aber auch wenn Sie scheitern, lohnt es sich, die Situation und Ihr Handeln anhand des Feedbackrasters auseinanderzudenken. So filtern Sie die Zusammenhänge heraus, die Sie auch im Scheitern erfolgreich umgesetzt haben.

Coaching und Beratung: Stellen Sie Ihren Klientinnen das Feedbackraster zur Verfügung, an dem entlang sie Situationen auseinandersprechen und Rückmeldungen vorbereiten können. Führen Sie sie sorgfältig in die radikale Ressourcenorientierung ein. Sprechen Sie dann die Auswertungen miteinander durch. So lernen Ihre Klienten, ihre Feedbacks in Eigenregie vorzubereiten und zu sprechen.

Unterricht: Hier eignet sich das Raster sehr gut, um mit Kindern und Jugendlichen gemeinsam zu üben, wie sie einander an den Ressourcen entlang Rückmeldungen geben können. Mit Rollenspielen und konkreten Beispielen führen Sie so die jungen Menschen hin zu vertiefter Wahrnehmung und konkreten Rückmeldungen. Wichtig für die Arbeit mit Kindern und Jugendlichen ist, dass Sie als Lehrperson für die Ideen zur Veränderung zuständig sind. Nach und nach können Jugendliche lernen, ihre eigenen Ideen zu erkennen und zu formulieren. So erlernen Kinder und Jugendliche das ressourcenorientierte Feedback.

Konferenzen und Meetings

GEMEINSAMES DENKEN

Organisierte und strukturierte Treffen dienen der Zusammenarbeit und bieten Raum für Besprechungen, Abmachungen, Zielbestimmung und Wirkungskontrolle. Verschiedenen Berufsgruppen stehen hierfür die unterschiedlichen Gefäße zur Verfügung. Lehrpersonen treffen sich in Konferenzen, Trainerinnen und Coaches in Meetings, Führungspersonen in Sitzungen. All diese verschiedenen Bezeichnungen benennen eine Zusammenkunft von Personen einer oder mehrerer Berufsgruppen, die ihre Arbeit reflektieren, Abmachungen besprechen und Ziele vereinbaren, die dann in den folgenden Treffen kontrolliert, überprüft und angepasst werden.

So sind Konferenzen rechtlich definierte Organe, in denen vorgegebene Ziele erreicht werden. Eine Lehrerkonferenz ist beispielsweise dazu verpflichtet, über alle wichtigen Angelegenheiten der Schule zu beraten. Auch werden verschiedene Entscheidungen besprochen und getroffen. Es ist demnach notwendig, dass die Lehrpersonen in diesem Gefäß zusammenarbeiten, einander verstehen wollen, gemeinsame Grundsätze in die Wege leiten, der Schule eine pädagogisch wertvolle Basis geben, einander Rechenschaft darüber abgeben, ob sie den Schülerinnen und Schülern gegenüber gerecht und vorbildhaft sind.

Meetings dienen Coaches und Trainerinnen dazu, ihre Arbeit zu reflektieren und zu optimieren. Wenn an gemeinsamen Fällen gearbeitet wird, werden Strategien besprochen und aufeinander abgestimmt. Wesentlich ist es auch hier, dass die Abmachungen verbindlich gehandhabt werden.

In Sitzungen treffen sich Führungspersonen, um beispielsweise die Strategie des Unternehmens zu überprüfen und Leitlinien zu entwickeln, an denen sich die alltägliche Arbeit orientiert.

Mit anderen Worten ausgedrückt, treten in den verschiedenen Zusammenkünften die Lehrpersonen, Coaches, Trainerinnen und Führungspersonen aus dem (auch manches Mal einsamen) jeweiligen Arbeitsprozess heraus und steigen ein in den gemeinsamen Denkprozess. Aus Einzelkämpferinnen werden Teamspielerinnen. Dieser Schritt stellt eine ständige Herausforderung dar und findet seinen Höhepunkt in den regelmäßig stattfindenden Konferenzen, Meetings und Sitzungen, die auf Kooperation, Koordination, Zusammenarbeit, Austausch und Konsensfindung ausgerichtet sind.

Gemeinsames Denken erfordert klare Strukturen, in denen die verschiedenen Denkprozesse aufeinandertreffen und miteinander abgestimmt werden. Eine optimale Grundstruktur für diesen Prozess bietet:

- das strukturierte Gespräch gekoppelt
- mit einem auf Konsens ausgerichteten Diskurs
- auf der Grundlage Gerechtes Sprechen.

DAS STRUKTURIERTE GESPRÄCH

Auf die Grundannahmen des Gerechten Sprechens aufbauend (s. S. 76 ff.) ist ein strukturiertes Gespräch, welches an bestimmten Richtlinien orientiert ist, dazu geeignet, in den Austausch über Gewesenes, in das Finden neuer Zielsetzungen oder in die Reflexion der eigenen Arbeit einzusteigen. Es ist eine offene Gesprächsstruktur, in der alle Beteiligten dazu aufgefordert sind, sich einzubringen und sich an dem Prozess des gemeinsamen Denkens zu beteiligen, das jegliche Gespräche begleitet. Zudem findet eine Vergewisserung der ethischen Werte statt, an denen entlang Sie selbst und die weiteren beteiligten Personen ihre Arbeit und ihr Verständnis von Zusammenarbeit gestalten.

Strukturierte Gespräche sind dazu geeignet, Konferenzen, Meetings oder Sitzungen zu eröffnen. Die Teilnehmenden sind so von Beginn an konzentriert bei der Sache, aktivieren ihre Ressourcen und stellen sich mit ihrem Gehirn auf das Kommende ein. Die Effizienz des gemeinsamen Denkens steigt und der Prozess der Lösungsfindung wird optimiert.

Die Richtlinien eines strukturierten Gesprächs

Folgende Richtlinien werden beim strukturierten Gespräch beachtet:

- Das Thema ist mit den Inhalten und Zielen der Konferenz, des Meetings oder der Sitzung verknüpft und wird in Form einer Frage gestellt.
- Die zeitliche Dauer beträgt für das gewählte Thema 10 bis 20 Minuten.
- Es wird vom Konkreten hin zum Allgemeinen und dann wieder hin zum Konkreten gesprochen.
- Monologisieren wird zugunsten des Gesprächs schnell unterbrochen.
- Jede Person ist gleichzeitig Lernende und Lehrende.
- Hinweise auf praktische Arbeitszusammenhänge dienen dem Verstehen.
- Die Allgemeingültigkeit wird im Wesen der Zusammenhänge gesucht.
- Behauptungen werden auf diese Allgemeingültigkeit hin untersucht.
- Fragen und Antworten wechseln sich ab.

- Jede Person meint, was sie sagt, und sagt genau das, was sie meint.
- Der Zuhörprozess ist aktiviert.
- Das Gefühlsensemble besteht aus Staunen, Skepsis, Mut und Humor.
- Die empathische Aufmerksamkeit liegt bei sich selbst.
- Freundlich sein und bleiben.
- Auf Rechthaberei wird verzichtet.
- Jede Person konzentriert sich auf die eigenen Ressourcen.

Hier noch einige Hinweise für die Leitung eines strukturierten Gesprächs:

- Kurze Einführung in das Thema und Anleitung des Gesprächs geben.
- Wenn nötig, an die Richtlinien erinnern.
- Die abgemachte Zeit einhalten.
- Regelmäßig die Inhalte des Gesprächs zusammenfassen.
- Sich ebenfalls am Gespräch beteiligen.
- Das Gespräch beenden.

Ablauf eines strukturierten Gesprächs

Ein strukturiertes Gespräch ist fließend und offen gehalten. Es geht darum, dass sich alle Beteiligten an den genannten Richtlinien orientieren, die Leitung bei einem Regelverstoß darauf aufmerksam macht und deren Einhaltung einfordert. So können die angesetzten zehn bis zwanzig Minuten wie folgt eingeteilt werden:

- Kurzer Einstieg in das Thema, indem der gewählte Schwerpunkt durch die Leitung erläutert wird.
- Leitung fordert die Teilnehmenden dazu auf, inhaltlich Stellung zu beziehen. Gegebenenfalls wird das Wort erteilt.
- Ein gemeinsamer Gedankenaustausch findet unter den Teilnehmenden statt. Auch die Leitung redet mit, fasst zusammen und gibt weitere Fragen in die Runde.
- Als Abschluss fasst die Leitung die Gedanken des Gesprächs zusammen und nennt die offenen Fragen.

Als mögliche Ergänzung können alle Beteiligten auf einem in der Mitte des Tisches liegenden Papier einzelne Erkenntnisse schriftlich festhalten. Die Erfahrung hat gezeigt, dass es sinnvoll ist, wenn die leitende Person mit dem

Schreiben beginnt, sodass die anderen ebenfalls den Mut finden, Ihre Erkenntnisse festzuhalten. Das Gespräch fließt weiter, während geschrieben wird. Ein solches Papier ist dann besonders sinnvoll, wenn Sie mit den gewonnenen Erkenntnissen weiterarbeiten wollen.

Auswertung eines strukturierten Gesprächs

Ein strukturiertes Gespräch wird auf drei verschiedenen Ebenen ausgewertet. Wählen Sie bitte jeweils aus, welche der Ebenen und welche der darin gestellten Fragen für Sie relevant sind. Je nach Thema oder Berufsfeld sind andere Ebenen und Fragen für Sie interessant.

Eine ausführliche Auswertung eines strukturierten Gesprächs ist dann von Bedeutung, wenn die besprochene Frage für alle Beteiligten in ihrem beruflichen Alltag neue Dimensionen eröffnet und die Ergebnisse eine Qualitätssteigerung möglich machen.

Erste Ebene: Eigenreflexion in Bezug auf das Gespräch
- War der Ablauf für Sie nachvollziehbar?
- Fühlten Sie sich sicher geleitet?
- Konnten Sie Ihre Meinung einbringen?

Die Fragen werden wie folgt bearbeitet und beantwortet:
- Von sich her formuliert.
- Freundlich im Ton und in der Haltung.
- Das Gemeinte wird gesagt.
- Eigene Beobachtungen, durch Gesehenes und Gehörtes gestützt, dienen der Erläuterung des Gemeinten.
- Eigene Verantwortungen werden reflektiert und ebenfalls gesprochen.
- Gefühle dienen dem Verstehensprozess und werden als Denkzusammenhänge reflektiert und gesprochen.

Zweite Ebene: Anwendbarkeit und Nutzen der erlebten Gesprächsform im eigenen Berufsalltag. Die Form des Gesprächs wird entlang des Gefühlsensembles, bestehend aus den Kompetenzen Humor, Mut, Skepsis und Staunen, analysiert:
- Konnten sowohl die Personen als auch die Gruppe ihren Humor entsprechend dem Thema entfalten?
- Wurde der Mut der Beteiligten mit der Gesprächsform unterstützt?

- Förderte die Gesprächsform die Entwicklung von Skepsis und diente diese dann der Lösungsfindung?
- Verhalf die Form des Gesprächs dazu, das eigene Staunen zu entfalten?

Dritte Ebene: Erkenntnisse zum Inhalt und deren Nutzbarkeit für den beruflichen Alltag
- Welche Erkenntnisse haben Sie gewonnen?
- Welche Konsequenzen ziehen Sie für Ihren beruflichen Alltag aus diesen Erkenntnissen?

Die Erkenntnisse werden anschließend vorgelesen und konkret benannt oder sie werden aus der sich im Gespräch ergebenen Erfahrung herausgearbeitet. Erfahrung bedeutet in diesem Zusammenhang das reflektierte Erleben im Gespräch, das in Verbindung gebracht wird mit bereits vorhandenen Erkenntnissen, Wissen, Kompetenzen und weiteren Hintergründen.

In einem solchen Gespräch findet gemeinsames Denken statt, und Prozesse können ressourcenorientiert initiiert werden. Durch die Auswertung erfolgt eine Tiefendimension, die es ermöglicht, die Erkenntnisse über den Moment hinaus für die eigenen beruflichen Situationen zu nutzen.

Beispiele mögen Verdeutlichung bringen:

In einem interdisziplinär zusammengesetzten Team werden regelmäßig die eigene Arbeit und die Zusammenarbeit innerhalb des Teams reflektiert. Die acht Trainerinnen, Coaches und Lehrerinnen arbeiten an einer Fachschule für berufliche Weiterbildung. In dieser monatlichen Konferenz wird die geleistete Arbeit reflektiert und es wird stets daran gearbeitet, die Schnittstellenkommunikation zu verbessern.
Die Teilnehmenden beginnen ihre Konferenz regelmäßig mit einem strukturierten Gespräch zum Beispiel zu dem Thema: »Was bedeutet Zufriedenheit in der Kommunikation?« Sie nehmen sich zehn Minuten Zeit. Aus allen Perspektiven wird die Frage beleuchtet und immer wieder mit der eigenen Arbeitsrealität in Verbindung gebracht. Alle halten ihre Beiträge kurz und sind bemüht, sich selbst und die anderen zu verstehen. Nach den vereinbarten zehn Minuten werten sie in weiteren zehn Minuten das Gespräch aus. Da dieses Team schon seit einiger Zeit mit diesem Einstieg arbeitet, freuen sie sich wieder einmal sowohl über die Ergebnisse als auch über die hergestellte Atmosphäre. Die Einzelnen sind konzentriert und entspannt, freuen sich auf die kommenden Lösungen. Sie sind inhaltlich auf die Konferenz eingestimmt und sind bereit für die auf Konsens ausge-

richtete Zusammenarbeit. Sie haben voneinander gelernt, was Zufriedenheit bedeuten kann, wie sie diese in verschiedenen Kommunikationszusammenhängen umsetzen können und was die jeweils anderen genau darunter verstehen.

Eine Sitzung der 15 Führungspersonen eines mittelständischen Unternehmens beginnt zum ersten Mal – auf Geheiß des Chefs – mit einem strukturierten Gespräch. Die Meinungen zu diesem Experiment gehen von ablehnend über skeptisch bis hin zu begeistert. Das Thema lautet: »Wie motiviere ich meine Mitarbeitenden?« Die Führungskräfte nehmen sich zwanzig Minuten Zeit. Erst zögernd, doch dann immer engagierter, tauschen sich die Frauen und Männer aus. Da es an dieser Stelle darum geht, die eigenen Gedanken mit dem passenden Alltagsbezug mitzuteilen, Behauptungen im Hinblick auf die Realität zu prüfen und bei alldem freundlich zu bleiben, macht es allen zusehends mehr Spaß. Die Erkenntnisse, die sie in der Auswertung herausarbeiten, sind für alle überraschend: Das eingenommene Gefühlsensemble von Mut, Skepsis, Staunen und Humor hat ihnen die Möglichkeit gegeben, sowohl über den eigenen als auch über den Tellerrand ihres Unternehmens hinauszuschauen. Neue Ideen der Mitarbeitendenmotivation sind entstanden. In einer weiteren Sitzung werden diese Ideen auf ihre Umsetzungstauglichkeit hin überprüft.

Neuerungen, die Zeit in Anspruch nehmen, werden in der Regel anfangs als überflüssig oder lästig bewertet. Aus der Erfahrung heraus lässt sich sagen, dass die Zeit, die ein strukturiertes Gespräch samt Auswertung braucht, viel zu einer gelungenen Kommunikation und einer verbesserten Zusammenarbeit beiträgt und von daher eine gute Investition darstellt.

Mögliche Ausgangsfragen für ein strukturiertes Gespräch

Hier eine kleine Auswahl von möglichen Fragen, zu denen Sie ein strukturiertes Gespräch führen können:

- Was bedeutet Zufriedenheit in der Kommunikation?
- Wie motiviere ich meine Mitarbeitenden?
- Wie arbeiten wir optimal zusammen?
- Wie kann ich Humor strategisch in meiner Führungsarbeit nutzen?
- Was bedeutet Gerechtigkeit im unternehmerischen Alltag?

- Kann ich Lachen in meiner Beratungsarbeit für die Klientinnen unterstützend einsetzen?
- Können wir Konkurrenz lustvoll leben und sinnvoll einsetzen?
- Können wir ein Scheitern genießen?
- Welche Ressourcen gehören zwingend zu einem erfolgreichen Abschluss einer Beratung?
- Wie gestalten wir Lösungsfindung ressourcenorientiert?

Lassen Sie sich durch diese Fragen inspirieren und übersetzen Sie sie für Ihren beruflichen Alltag. Üben Sie sich darin, Ihre Meetings, Sitzungen und Konferenzen mit einem strukturierten Gespräch zu beginnen, und Sie erfahren die zeitbringenden und atmosphärischen Konsequenzen eines solchen Vorgehens.

> **Tipps für die Umsetzung**
>
> **Einstieg ins Coaching:** Mit einem Team, welches zum Beispiel Meinungsverschiedenheiten hat oder das frisch zusammengesetzt wurde, ist es sehr sinnvoll, mit einem strukturierten Gespräch in ein Coaching einzusteigen. Wichtig ist auch hier die klare Erläuterung der Richtlinien und dass Sie sich als Leitung konsequent daran halten. Von Bedeutung ist ebenfalls die Auswertung des strukturierten Gesprächs auf allen drei Ebenen. So können die Teilnehmenden Konsequenzen für ihren beruflichen Alltag erarbeiten und neue Vereinbarungen für die Zusammenarbeit aushandeln. Die Verschriftlichung der Erkenntnisse dient der vertieften Auswertung.
>
> **Unterrichtsbeginn:** Steigen Sie zu Beginn jeder Woche in den Unterricht mit einem strukturierten Gespräch ein. Führen Sie zu Beginn die Schülerinnen in die Richtlinien ein und verteilen diese schriftlich. Wählen Sie eine Frage aus, die die Schüler zurzeit besonders interessiert. Zum Beispiel: »Ist es sinnvoll, während der Fussballweltmeisterschaft die Spiele am Abend anzuschauen?«
> Es ist zentral, dass Sie ganz eng an den Richtlinien bleiben und sofort unterbrechen, wenn die Schülerinnen diese verlassen. Fordern Sie aktiv alle dazu auf mitzusprechen. Fassen Sie am Ende die Erkenntnisse gleichberechtigt zusammen. Auf eine Wertung der Meinungen und Erkenntnisse wird verzichtet. Die Schülerinnen und Schüler jeden Alters lernen so, sich eine Meinung zu bilden, diese auszusprechen, zu begründen und mit anderen Meinungen in Verbindung zu bringen.

DER DISKURS

Ein Diskurs ist eine Gesprächsform, die zum Herausarbeiten von Gemeinsamkeiten und zum Herstellen von lösungsorientierten Zielzusammenhängen unterstützend beiträgt. Aufbauend auf Gerechtes Sprechen in Verbindung mit den Diskurszielen Transparenz, Konsens und Perspektive, lassen sich konkrete Gesprächsabläufe entwerfen, die eben diese drei Ziele Realität werden lassen.

> Unter **Transparenz** verstehen wir die Einsicht in Übereinstimmungen, unterschiedliche Positionen und deren Begründungszusammenhänge. Ressourcen werden von allen Beteiligten erkannt und akzeptiert.
>
> Bei einem **Konsens** gehen wir davon aus, dass Übereinstimmungen allen bekannt sind und als Basis der weiteren Zusammenarbeit dienen. Zudem ist jeder Konsens angemessen und hat Gültigkeit.
>
> Unter **Perspektive** verstehen wir, dass die Zukunft ressourcenorientiert und auf der gemeinsamen Basis der zur Verfügung stehenden Vielfalt gestaltet wird.

Bedeutungen des Diskurses

Der Diskurs, betrachtet als eine auf Konsens ausgerichtete Gesprächsform, stellt für die sprechende Zusammenarbeit insbesondere in Konferenzen, Sitzungen und Meetings eine passende Grundlage dar. Dies mag an den verschiedenen Bedeutungen eines Diskurses erläutert werden.

- In der pragmatischen Bedeutung eines Diskurses bearbeiten Sie die der eigenen und der gemeinsamen Handlung zugrunde liegenden Maximen. Diese Auseinandersetzung ist auf mögliche Verwendungszusammenhänge hin bezogen. Die Notwendigkeit von Kompromissen steht hier im Vordergrund, besonders in den Situationen, in denen Sie Ihr eigenes Interesse mit den fremden Interessen in Einklang bringen wollen.

- In der ethisch-essenziellen Bedeutung eines Diskurses bestimmen sich Vernunft und Wille gegenseitig. Jeder ist eingebettet in seinen lebensgeschichtlichen Kontext. Dieser dient der eigenen Orientierung und ist der Ausgangspunkt des Perspektivenwechsels.
- In der moralisch-praktischen Bedeutung eines Diskurses verlassen Sie die eigene Anschauung und vollziehen den Perspektivenwechsel hin zu den jeweils anderen Positionen. Hier geht es um Klärungen der kollektiven Identität, in der Raum bleibt für Ihre persönlichen Entscheidungen.

Es wird deutlich, dass im Diskurs strittige Geltungsansprüche von Behauptungen oder Aufforderungen geprüft und durchgesprochen werden. Im Diskurs wird das Ziel verfolgt, einen für alle Teilnehmenden gültigen Konsens herbeizuführen. Die verschiedenen Begründungen werden ausgetauscht und auf Gemeinsamkeiten beziehungsweise auf mögliche Punkte hin untersucht, über die Einvernehmen erzielt werden kann. Diskurse sind demnach Momente gelungener Kommunikation und bilden die Basis für eine gut strukturierte Zusammenarbeit.

Die Struktur eines Diskurses

Jedes Meeting, jede Sitzung und jede Konferenz folgt im Ablauf einer Tagesordnung und erhält dadurch eine Struktur. Der Diskurs wird bei einzelnen Tagesordnungspunkten angewandt, in der Regel dann, wenn es um Klärungen von Zusammenhängen, um inhaltliche oder strukturelle Ausrichtungen, Abmachungen, Lösungssuche und Ähnliches geht. Welche Dienste der Diskurs in Konfliktsituationen bietet, können Sie im Kapitel »Konflikte« (s. S. 66 ff.) entdecken.

Struktur des Diskurses

- Thema benennen
- Übereinstimmungen herausarbeiten
- abweichende Meinungen benennen
- gegebenenfalls weitere Übereinstimmungen herausarbeiten
- erste Lösungen formulieren auf den Ebenen Inhalt und Ziel
- fragen: Welche Perspektiven und Handlungsmöglichkeiten stellen die Lösungen zur Verfügung?
- Handlungsplan erstellen
- Kontrolldatum vereinbaren

Auf der Grundlage von Gerechtem Sprechen und entlang dieser Diskursstruktur werden alle am Gespräch Beteiligten in den Prozess integriert. Da alle daran Interesse haben, eine Einigung zu erzielen, sind die Gedanken und Gesprächsbeiträge darauf ausgerichtet, Gemeinsamkeiten und Übereinstimmungen zu entdecken und an diesen weiterzuarbeiten. Lösungen werden entlang der vorhandenen Ressourcen entwickelt unter Einbezug aller beteiligten Personen. Die so erarbeiteten Ergebnisse finden breite Zustimmung und erfahren eine für das Unternehmen oder die Organisation optimale Umsetzung.

Dazu sagte ein Coach, der die Führungsetage einer Bank begleitet:

»Zu sehen, wie alle Anwesenden tatsächlich daran arbeiten, die Gemeinsamkeiten zu erkennen, war beeindruckend. Die Redebeiträge selbst von den größten Konkurrenten waren konstruktiv gehalten und der Sache entlang gesprochen. Denn nachdem ich den Diskurs eingeführt hatte, gab es zunächst harsche Kritik. Doch nach den ersten Resultaten sind sich alle einig darin, sowohl bei Gesprächen rund um die gemeinsame Arbeit als auch in Auseinandersetzungen anhand dieser Diskusstruktur vorzugehen.«

Tipps für die Umsetzung

Diskurs einführen: Wenn Sie mit einem Diskurs arbeiten, ist es wichtig, ihn konkret einzuführen. Das bedeutet, dass Sie auf die Besonderheit der Konsensorientierung aufmerksam machen, den Ablauf vorstellen und Ihre Rolle erläutern. Zudem ist es hilfreich, wenn Sie die Richtlinien für ein strukturiertes Gespräch als Verhaltensregeln einführen. Vor diesem Hintergrund können sich Ihre Mitarbeiter, Klientinnen oder Kollegen auf die Haltung des Diskurses einstellen und tatsächlich am Konsens entlang denken und sprechen.

Im Unterricht ist der Diskurs sehr gut dann einsetzbar, wenn es um gruppendynamische Klärungen geht. Wesentlich ist es, die Kinder und Jugendlichen konsequent darauf aufmerksam zu machen, dass es um die Übereinstimmungen geht. Eingeübt werden kann diese Haltung als Gegensatz zum ja auch zu trainierenden Streitgespräch, in dem die Unterschiede argumentativ herausgearbeitet werden. Beide Formen – sowohl das Streitgespräch als auch ein Konsensdiskurs – sind für das Finden von Gemeinsamkeiten von Bedeutung. Wird heute das Streitgespräch, die Debatte oder die Diskussion gelehrt, gilt es jetzt, daneben den Diskurs zu trainieren.

Erfahrungs-
austausch

VON ERFOLGEN BERICHTEN

Neben dem persönlichen Können und Wirken ist es von Bedeutung, wie die zusammenarbeitenden Personen ihre Erfahrungen austauschen und sich gegenseitig das erarbeitete Material zur Verfügung stellen. Der Konkurrenzdruck ist groß, und Neid unter Kollegen ein wenn auch verschwiegenes, so doch spannendes Thema. Hier geht es darum, wie Sie über Ihre gelungenen Anteile der erbrachten Leistung miteinander sprechen. Es geht darum, Erfolgsgeschichten zu erzählen und sie so auseinanderzusprechen, dass Sie sie wiederholen und andere sie kopieren und nachahmen können. Es geht um den Austausch von Systemen, die Sie gewinn- und nutzbringend umgesetzt haben, und die die anderen nachvollziehen und nachmachen können.

ÜBER DAS ERINNERN

Das Gedächtnis sichert uns die Fähigkeit, Erlebnisse und Erfahrungen zu speichern, und wir brauchen es, um unseren Alltag zu gestalten, zu erleben und zu bewältigen. Die gespeicherten Informationen werden so für die weitere Verarbeitung des Lebens nutzbar gemacht. Dafür stehen verschiedene Gedächtnissysteme zur Verfügung. Die bekannteste Unterteilung ist die in Kurzzeit- und Langzeitgedächtnis. Im Kurzzeitgedächtnis werden Inhalte als Aktivierungen von Neuronen gespeichert; im Langzeitgedächtnis in Form von Verbindungen zwischen Neuronen. Beim Austausch von Erfahrungen ist das Langzeitgedächtnis von Interesse. Im Gerechten Sprechen ist das Gedächtnis dem Untergewusstsein zugeordnet.

So entwickeln wir unser Gedächtnis, indem wir uns mit anderen Personen austauschen, mit ihnen die Freizeit verbringen oder mit ihnen arbeiten. Zudem entfalten wir unser Gedächtnis durch den Umgang mit dem jeweiligen Kontext, mit unserem Umfeld weiter und weiter. Das Gehirn ist ein erfahrungsabhängiges Organ. Wir gehen also davon aus, dass jede Person selbst es strukturiert und organisiert, und zwar aufgrund der verschiedenen Interaktionen, Bewertungen und Erfahrungen. Im Laufe Ihres Lebens entwickeln Sie auf diese Weise eine Matrix, auf deren Basis Sie Neues erkennen und Altes wiedererkennen können. Die Erfahrungen sind im Gedächtnis gespeichert und unterstützen als Teil des Untergewusstseins die Verarbeitung des Lebens. Alle Erfahrungen bilden den Boden für Gegenwärtiges und Zukünftiges. Sie bestimmen demnach selbst, wie Sie diesen Boden entwerfen und welche Zukunft Sie darauf aufbauend gestalten.

Zudem wissen wir, dass Personen Tatsachen selektiv erinnern. Sie erinnern sich so, wie es ihrem jeweils aktuellen Gedächtnis entspricht. Aufgrund dessen verändern sich die Erinnerungen allein schon dann, wenn sie den Bewertungsrahmen verändern. Die gewesenen Tatsachen bleiben die gleichen. Die subjektiv darin erlebte Welt wird von der sich erinnernden Person an die jetzt aktuelle Daseinsweise angepasst.

Ein konkretes Beispiel wird Ihnen zeigen, was gemeint ist.

»Die Kollegen reden hinter meinem Rücken über mich und machen mich schlecht. Ich bin denen total ausgeliefert. Die sind absolut gemein, und ich kann mich nicht wehren. Die machen mich wirklich fertig.«

Oder: »Die Kollegen reden hinter meinem Rücken über mich und machen mich schlecht. Ich schaue mir das noch ein oder zwei Tage an. Dann werde ich sie darauf ansprechen, und wenn das dann weitergeht, werde ich die passenden Maßnahmen ergreifen.«

Sie sehen sicher den großen Unterschied in der Bewertung derselben Situation: Im ersten Bericht wird von der Perspektive der anderen auf sich selbst ausgegangen. Diese wird übernommen und sich zu eigen gemacht.

Im zweiten Bericht dagegen ist die Perspektive von sich her gestaltet. Aus der eigenen Verantwortung heraus wird auf die zur Verfügung stehenden Möglichkeiten geschaut und werden diese geprüft. Das bedeutet: Auf der Grundlage der radikalen Ressourcenorientierung im Gerechten Sprechen gestalten Sie Erinnerung und den Austausch darüber

- von sich her,
- aus der eigenen Verantwortung heraus,
- entlang der Möglichkeiten und
- der gelungenen Anteile des beruflichen Lebens.

Damit erschaffen Sie ein Gedächtnis, mit dem Sie wiederum leicht die gegenwärtigen und zukünftigen Erfolge erkennen können. Selbst im größten Scheitern werden Sie mit diesem Gedächtnis die immer auch vorhandenen Leistungen, Ressourcen und das innewohnende Potenzial wahrnehmen.

ERFOLGE AUSEINANDERSPRECHEN

Gewöhnen Sie sich doch bitte an folgende Sätze:

- »Da war ich wirklich gut!«
- »Das ist mir gelungen!«
- »Ich war heute im Unterricht einfach genial!«
- »Meine Idee, mit der ich meinen Klienten unterstützen konnte, war richtig klasse!«
- »Ich bin so klar und strukturiert an den Auftrag herangegangen, da war schnell allen deutlich, dass ich die Beste bin!«
- »Ich habe mich heute selbst übertroffen!«

Und dann wollen alle Ihren Erfolg in allen Einzelheiten hören und Sie werden ihn dann auch in allen relevanten Einzelheiten erzählen. Das nennen wir auseinandersprechen von Erfolgen. Wenn Sie so vorgehen, trainieren Sie sich über ein an den Erfolgen orientiertes Gedächtnis eine Wahrnehmung an, mit der Sie wiederum Erfolge und Ressourcen erkennen können.

Und das geht so:

- Zuerst erzählen Sie in einem Satz Ihren Erfolg.
- Dann leiten Sie ihn entlang Ihrer Zuständigkeiten und Verantwortlichkeiten her.
- Dabei benennen Sie Ihre konkreten Handlungen, die zum eingangs genannten Erfolg führten.
- Zudem sprechen Sie über Ihre Gefühle, die Sie in der Situation hatten.
- Wenn es direkte Reaktionen gab, erzählen Sie diese kurz.
- Zum Abschluss benennen Sie nochmals Ihren Erfolg in einem Satz.
- Und: Wenn Sie Ihre Erfolgsgeschichte aufschreiben, dann lesen Sie sie regelmäßig.

Folgende innere Haltung erleichtert das Erzählen von Erfolgen:

- Sie hören sich selbst zu.
- Sie sprechen von sich her zu den anderen.
- Und Sie sprechen aus der eigenen Verantwortung heraus, entlang der Möglichkeiten und den gelungenen Anteilen des beruflichen Lebens.
- Die empathische Aufmerksamkeit bleibt bei Ihnen.

Hier ein konkretes Beispiel:

Erstens ein Satz zum Erfolg. Beispielsweise können Sie sagen: »Ich habe meine Mitarbeiter für das neue Projekt begeistern können.«

Zweitens legen Sie Ihre Zuständigkeiten und Verantwortlichkeiten dar, die zu diesem Erfolg gehören, und sagen: »Ich bin dafür verantwortlich, dass dieses neue Projekt von allen Mitarbeiterinnen mitgetragen wird und dass wirklich jede die eigenen Kompetenzen darin einbringt. Zudem bin ich zuständig für einen Teilbereich dieses Projekts.«

Drittens schildern Sie die konkreten Schritte, die Sie gemacht haben, um zum Ziel zu gelangen: »Auf die erste Sitzung habe ich mich sehr gut vorbereitet, mich in die richtige Grundstimmung versetzt und dann habe ich mit den besonderen Vorzügen des Projekts begonnen. Die verband ich mit den verschiedenen Aufgaben der Einzelnen und hob die spannenden Kontexte hervor. Dann habe ich zuerst die Mitarbeitenden um Rückmeldung gebeten, die das Projekt gut finden. So konnte ich dann tatsächlich alle begeistern.«

Viertens benennen Sie Ihre Gefühle: »Zuerst war ich riesig aufgeregt und nervös. Je besser es lief, umso sicherer fühlte ich mich. Am Ende war ich stolz und zufrieden mit mir.«

Fünftens nennen Sie kurz die Reaktionen: »Meine Chefin ist ganz begeistert von meiner Leistung und hat mich gelobt. Die Mitarbeiter sind zu mir gekommen und haben gesagt, dass sie sich auf das Projekt freuen.«

Und zum Abschluss beschreiben Sie nochmals Ihren Erfolg in einem Satz: »Ich bin wirklich stolz auf mich, dass ich meine Mitarbeiter von dem neuen Projekt begeistern konnte.«

Und genau das schreiben Sie auf. Jetzt lesen Sie regelmäßig ihre Erfolgsgeschichte, sodass sie wiederholt werden kann.

Falls jetzt noch immer einige unter Ihnen der Meinung sind, dass ein solches Verhalten und Erzählen falsch ist, weil Eigenlob ja bekanntlich stinkt, dem sage ich dazu Folgendes: Im beruflichen Alltag geht es um Leistung und Qualität, und diese beiden Zusammenhänge können am leichtesten gesteigert werden, wenn Sie wissen, wie Sie erfolgreiche Situationen hergestellt haben. Auf dieser Grundlage werden Erfolge wiederholbar und sind nachahmenswert. Viel Vergnügen also beim Erschaffen eines ressourcenorientierten Gedächtnisses und dem Austausch all Ihrer Erfolge!

> **Tipps für die Umsetzung**
>
> In **Beratungssituationen** ist es hilfreich, die Klienten regelmäßig ihre Erfolgserlebnisse anhand des gezeigten Ablaufes erzählen zu lassen.
>
> Ergänzend dazu kann ein **Erfolgstagebuch** geführt werden, in dem die Klientin regelmäßig nachlesen kann, wie sie ihre erfolgreichen Situationen gestaltet.
>
> In **Lernsituationen** können Schüler ein **Lerntagebuch** führen, in dem sie die Lernerfolge aufschreiben. Neben einer Steigerung des Selbstbewusstseins dokumentieren die Schülerinnen ihren Lernweg und können so regelmäßig ihren Lernweg und ihre Lernerfolge nachlesen.
>
> Geben Sie den aufgeführten Leitfaden weiter und führen Sie Ihren Klienten in die innere Haltung ein, sodass er sich auch tatsächlich an den erfolgreichen Schritten orientiert.

Den »Leitfaden Erfolge auseinandersprechen« finden Sie im Internet als Download beim Buch unter www.beltz.de.

DAS SCHEITERN GENIESSEN

Selbstverständlich scheitern wir alle mehrere Male im Leben. Ab jetzt betrachten Sie diese Zusammenhänge aus der Perspektive des Genusses mit einem auf Ressourcen ausgerichteten Gedächtnis. Vor diesem Hintergrund wird ein Scheitern bis zu der Stelle auseinandergesprochen, an der der Niedergang begann. Wir verabschieden uns davon, das Scheitern in allen Einzelheiten zu erzählen. Ich weiß, dass behauptet wird, Menschen lernten am besten aus ihren Fehlern. Doch hier und jetzt stelle ich die klare Behauptung auf, dass Menschen aus ihren Erfolgen um einiges besser lernen. Und in jedem Scheitern sind erfolgreiche Passagen enthalten. Diese gilt es herauszufinden, zu reflektieren und damit wiederholbar zu machen.

Stellen wir uns vor, dass ein Gespräch desaströs geendet hat oder eine Mitarbeiterqualifizierung mit einem Wutausbruch abgebrochen wurde oder eine Unterrichtsstunde vollkommen schiefgelaufen ist. Nun geht es darum, diese Situationen zu analysieren, um die gelungenen Anteile herauszufinden.

Folgende Fragen leiten durch diese Analyse:

- Welche Ziele wollten Sie erreichen?
- Was haben Sie getan, um die Ziele zu erreichen?
- Welche dieser Schritte waren erfolgreich und haben Sie Ihren Zielen nähergebracht?
- Was werden Sie darauf aufbauend beim nächsten Mal tun, damit Sie Ihre Ziele tatsächlich erreichen?

Sprechen Sie anhand dieser Fragen Ihr Scheitern auseinander. So können Sie zu spannenden Erkenntnissen gelangen, ohne sich lange im Jammertal aufzuhalten, und nebenbei erkennen Sie den Genuss, der jedem Scheitern innewohnt.

Tipps für die Umsetzung

Im Folgenden finden Sie den Leitfaden »Erfolge erkennen«, mit dem Erfolge überprüft und erkannt werden, und den Sie Ihren Klientinnen oder Mitarbeitern geben können. Sie finden den Leitfaden (für Erwachsene und Schüler) ebenfalls als Download im Internet beim Buch unter www.beltz.de.

Diese füllen ihn aus und beschreiben die als Scheitern bewerteten Situationen. Sie sprechen diese Aufzeichnungen mit den Betroffenen durch und verbessern dadurch deren Ressourcenorientierung und Lösungsfindung.

Bei der Arbeit mit diesem Hilfsmittel ist zu beobachten, dass die Qualität der erbrachten Leistung steigt und die Freude daran als Burnout-Prophylaxe gewertet werden kann.

Leifaden »Erfolge erkennen«

Welche Ziele wollten Sie erreichen?

Was haben Sie getan, um die Ziele zu erreichen?

Welche dieser Schritte waren erfolgreich und haben Sie Ihren Zielen nähergebracht?

Was werden Sie darauf aufbauend beim nächsten Mal tun, damit Sie Ihre Ziele tatsächlich erreichen?

Tipps für die Umsetzung

In einer Schulklasse können Sie ebenfalls mit diesem Leitfaden arbeiten. Hier ist es jedoch wichtig, nur nach einem Ziel zu fragen, da Kinder und Jugendliche erst nach und nach die komplexen Zusammenhänge lernen. Denn das menschliche Gehirn ist erst mit ungefähr 21 Jahren so weit, komplexe Zusammenhänge auseinanderzudenken und über den Moment hinaus zu entscheiden.

Leifaden »Erfolge erkennen«

Welches Ziel wolltest du erreichen?

Was hast du getan, um dein Ziel zu erreichen?

Welcher dieser Schritte war erfolgreich und hat dich deinem Ziel nähergebracht?

Was brauchst du, damit du diese Schritte beim nächsten Mal wiederholen kannst?

Pausen sind Pausen sind Pausen …

MIT HUMOR UND GERECHTEM SPRECHEN IN DIE PAUSE

Jedes Team, jedes Kollegium und jede wie auch immer strukturierte Arbeitsgemeinschaft ist anhand vorhandener Kompetenzen und Ressourcen der Personen zusammengestellt. Die personellen und persönlichen Aspekte sind dem untergeordnet. In der Zusammenarbeit arrangieren sich die verschiedensten Personen miteinander. Manchmal arbeiten Sie jahrelang gemeinsam mit anderen zusammen und meinen, die Mitglieder Ihres Teams zu kennen. Sie wissen, wen Sie mögen oder ablehnen, Sie sind darauf eingestellt, auch in den kommenden Jahren in dieser Konstellation tagtäglich zusammenzukommen.

Für manche ist das ein wunderbarer Gedanke, für andere eine Herausforderung, für wieder andere ist es abschreckend. Dann verlassen einige Mitarbeiterinnen die Arbeitsgemeinschaft und neue Mitarbeiter kommen dazu. Teambildung wird betrieben und einige geben sich Mühe, die Neuen willkommen zu heißen, andere trauern den Weggegangenen nach. Das Team schwankt und die einzelnen Personen orientieren sich in der gegenseitigen Kontaktaufnahme an persönlichen Sympathien. Und dann machen sie das, von dem sie alle wissen, dass es der Arbeitsgemeinschaft schadet: Cliquenbildung, hintenherum über einander reden, direkte und versteckte Konflikte. Das bedeutet: Die Leitung wird schwierig, Coaching steht vor verhärteten Fronten und jedes Training ist dem Scheitern nahe.

Sie mögen erstaunt sein über diese Einführung in das Kapitel »Pausen sind Pausen sind Pausen…«, in dem es um Pausenkommunikation geht. Doch genau in den Pausen, wo alles von der Selbstverantwortung der einzelnen Personen einer Arbeitsgemeinschaft abhängt, liegt auch der Schlüssel für eine funktionierende Zusammenarbeit und eine gelungene Kommunikation. Begegnen sich die einzelnen Personen in der Pause humorvoll und professionell, funktioniert die Zusammenarbeit ebenfalls professionell und humorvoll.

Auf der Grundlage des Gerechten Sprechens und den neuesten Ansätzen des Humorcoachings zeige ich im Folgenden auf, wie eine leichtfüßige Pausengestaltung kreiert werden kann, die für eine professionell gelungene Kommunikation essenziell wichtig ist.

HUMOR – DER PERSPEKTIVENWECHSEL IN DER ZUSAMMENARBEIT

Mit Humor erscheinen Begegnungen leichtfüßig und eine humorvolle Grundhaltung macht Sie sympatisch. So werden auch die kompliziertesten Prozesse in der Zusammenarbeit spielerisch.

Eine solche humorvolle Grundhaltung kann zum Beispiel bestehen aus:

- gefühlter und empfundener Leichtigkeit und Zufriedenheit,
- an den Ressourcen orientierten Visionen und Ideen sowie
- vernünftiger Einschätzung der gegebenen persönlichen und institutionellen Realitäten.

Dann unterstützen Sie sich selbst und lernen sich und andere besser und besser kennen. Andere Personen begeistern Sie von Ihren Ideen und Sie gestalten die Beziehungen reichhaltig.

Es wird gemeinsam gelacht und Sie können Ihre humorvolle Grundhaltung mit den anderen teilen, sich gegenseitig Details vorstellen, diese ergänzen oder erweitern. Ein solches Verständnis von Humor orientiert sich an den Ressourcen, am Können und an den Möglichkeiten aller beteiligten Personen.

Genau hier liegt der Unterschied zu Ironie, Zynismus und Sarkasmus. Diese drei werden mit den Begriffen Hohn, Spott und Schimpf in Verbindung gebracht. Mit einer humorvollen Grundhaltung hingegen unterstützen Sie sich selbst und andere. Ironie, Zynismus und Sarkasmus verhindern diese unterstützende Wirkung, denn solche Äußerungen sind herablassend und machen andere oder Sie selbst schlecht.

Die humorvolle Grundhaltung kann durch Training erlernt und erweitert werden. Humor als Teil der eigenen Grundhaltung bewirkt eine Veränderung der Persönlichkeit:

- Mehr Lebenszufriedenheit wird erreicht, gekoppelt mit Lebensfreude, Neugierde und Tatendrang.
- Die Gesundheit in einer gelungenen Life-Balance wird gesteigert, verbunden mit glücklichen Momenten.

- Die Kommunikation in heiterer Gelassenheit und freudiger Verbindlichkeit wird verbessert.
- Die Schlaftiefe nimmt zu und verbessert Erholung und Entspannung.
- Die Wahrnehmungsfähigkeit wird ausgerichtet auf Wirkungen und Erfolge.
- Die Schönheit innen und außen wird stärker wahrgenommen.

Darauf aufbauend wird eine Arbeitseffizienz entwickelt, die an Ressourcen und Möglichkeiten orientiert ist. Mit einer humorvollen Grundhaltung können Sie sich die Mentalität erarbeiten, die Sie gerne leben möchten. Darauf aufbauend gestalten Sie die Charaktereigenschaften, die Sie an sich und anderen so sehr schätzen. So tragen Sie zu einer Atmosphäre bei, in der alle Beteiligten wertschätzend miteinander kommunizieren können und wahrlich in der Pause die wohlverdiente Erholung finden werden.

HUMORHANDLUNGEN

Aus dem eigenen Erleben wissen Sie, dass Sie zumindest zufriedener sind, wenn Sie regelmäßig und herzhaft lachen. Selbst mit einem kleinen Lächeln unterstützen Sie sich in Ihrem Leben hin zu mehr Wohlbehagen und Selbstzufriedenheit. Es lohnt sich demnach sehr, sich lächelnd und lachend durch die Welt zu bewegen. Gerade in den Momenten, wenn Sie meinen, dass alles todernst und tieftraurig ist, können Sie Ihr Wohlgefühl mit einem Lächeln oder Lachen enorm steigern.

Lachen gibt es in verschiedensten Varianten

Anlachen, anlächeln, ätzendes Lachen, Augenlachen, auslachen, blitzen, feixen, flaxen, fletschen, gibbeln, giggeln, glucksen, grienen, grinsen, grunzen, grölen, hämisches Lachen, Hohn lachen, ins Fäustchen lachen, johlen, kichern, kreischen, lächeln, prusten, rebellisches Lachen, schallend lachen, schmunzeln, schräges Lachen, strahlen, soziales Lächeln, verbissenes Lachen, zahnloses Lachen, Zahnpastalächeln und es gibt noch viele weitere Varianten von Lachen.

In all diesen verschiedenen Varianten betrachten wir das Lachen als einen kommunikativen Code, der den Sprachcode ergänzt, unterstützt oder ihm auch einmal widersprechen kann. Um den kommunikativen Code Lachen zu verstehen, ist es notwendig, die verschiedenen Varianten kennenzulernen. Diese Varianten lesen und verstehen zu können, dafür brauchen wir das Miteinandersprechen, das Nachfragen, das Aussprechen der eigenen Gedanken sowie das Zuhören bei den Erklärungen und Hintergründen.

Was Lachen ist...

Wir kennen alle die Situation bei einer Beerdigung: Wir haben uns tränenreich und trauernd vom geliebten Menschen verabschiedet, um dann viel von ihm zu erzählen, Erinnerungen wachzurufen, um all die vielen schönen und auch lustigen Erlebnisse zu berichten. Und dann wird gelacht und manchmal auch tränenreich gelacht. Das sind befreiende Erlebnisse. Durch dieses Lachen wird es möglich, sich sowohl an den geliebten Menschen zu erinnern als auch sich von ihm zu verabschieden. Und wir eröffnen uns damit die Zukunft, die wir noch vor uns haben.

Lachen dient also dem Abschiednehmen, der Befreiung und dem Neuanfang. Das Lachen, sei es gemeinsam mit anderen oder mit sich selbst, verzaubert sowohl die aktuelle Situation als auch die zu erwartende Zukunft, die nun mit etwas mehr Zuversicht, Wohlbehagen und Selbstzufriedenheit angegangen werden kann. Wenn Sie herzhaft lachen, machen Sie auf sich aufmerksam und geben damit anderen Personen die Möglichkeit, sich von Ihrem Lachen anstecken zu lassen. Denn fröhliche, lachende Personen sind bekanntlich gesellige Menschen, mit denen wir uns gerne umgeben.

Kinder lachen 500-mal am Tag, Erwachsene gerade noch 15-mal. Diese Tendenz sinkt, obwohl die Lachforschung immer wieder die positiven Auswirkungen des Lachens herausstellt. Personen arbeiten also hart daran, sich das Lachen mehr und mehr zu verwehren, den Alltag ernsthaft bis mürrisch zu gestalten, um so einen erwachsenen Eindruck herzustellen. Auch geschichtlich lässt sich erkennen, dass immer weniger gelacht wird: In den 1950er-Jahren lachten die Menschen noch 20 Minuten am Tag, heute sind es gerade noch fünf Minuten. Eine bedauerliche Entwicklung, da wir doch wissen, was wir mit einem Lachen alles verändern können.

Jetzt stellen Sie sich vor, Sie befinden sich im Lehrerzimmer, und Sie und Ihre Kolleginnen lächeln sich an, während Sie die wichtigsten Zusammenhänge des Vormittags austauschen. Sie lachen herzlich miteinander über die erreichten Erfolge und erfreuen sich daran, dass Sie sich nun einige Minuten erholen können.
Oder Sie sitzen nach der Sitzung mit einigen weiteren Trainern zusammen und vertiefen einzelne Aspekte, und dabei strahlen und lachen Sie. So fallen Ihnen auch die jetzt noch kommenden Gespräche, Arbeitseinheiten oder Trainings leichter.

… und lächeln und strahlen…

Lächeln, ob echt oder sozial, kann zur Aufmunterung für sich und andere genutzt und eingesetzt werden. Verkäuferinnen lächeln, wenn wir einen Laden betreten; Servicepersonal lächelt, wenn sie unsere Wünsche erfüllen; Ärztinnen lächeln, wenn sie uns eine Diagnose geben und uns Mut machen wollen. In vielen Berufen, die es in unserer Dienstleistungsgesellschaft gibt, ist es wesentlich, freundlich zu sein. Freundlichkeit symbolisieren wir am leichtesten, wenn wir einander anlächeln. Demnach ist es wichtig geworden, tatsächlich auch lächeln zu können, wenn wir es wollen. Gemäß der Philosophie des Gerechten Sprechens nehme ich Abschied von der Annahme, dass hergestelltes Lächelns gekünstelt sei und die wahren Gefühle nur unterdrücke.

Auch die Berufe der Lehrerin, des Trainers, der Coaches und der Chefin sind mit einem Lächeln leichter zu bewältigen. Gerade wenn Sie einander in den freien Zeiten zwischen den Arbeiten lächelnd begegnen, schaffen Sie damit Möglichkeiten der freundlichen Begegnung. So kann dann das Personalfachgespräch in einer heiteren Stimmung geführt werden, wenn Sie sich in der Pause als umgängliche und freundliche Person zu erkennen gegeben haben. Oder ein Feedback wird klarer entgegengenommen, wenn Sie sich auf dem Gang lächelnd und heiter begegnet sind.

Mit jedem Lächeln können Personen ihr Gefühlsensemble so verändern, wie sie es in diesem Moment für richtig und passend halten. Gefühle stellen eine Wahl der fühlenden Person dar. In diesem Zusammenhang gehen wir davon aus, dass mit einem Lächeln unterstützende und wirkungsorientierte Gefühle leichter zu wählen sind. So können mit einem Lachen Gefühle wie Zuversicht, Wohlbehagen, Zufriedenheit hervorgeholt und intensiviert werden. Höfliches Lächeln ist neben der gesellschaftlichen Relevanz auch für die Gefühle von Vertrauen, Zugewandtsein und Freundlichkeit von Bedeutung.

Eine mit einem Lächeln gestaltete Zusammenarbeit fördert die Konzentration. Damit einher geht eine Arbeits- und Qualitätssteigerung jeder beteiligten Person. Darauf aufbauend lässt sich eine Erhöhung der Produktivität beobachten.

Echtes Lächeln und soziales Lächeln unterscheidet sich durch den Einbezug des Augenmuskels. Soziales Lächeln bedeutet, dass nur die Mundwinkel nach oben gezogen sind. Wenn der Augenmuskel aktiviert wird, ziehen Personen die Mundwinkel automatisch nach oben. Dieses Lächeln ist immer echt zu nennen. Soziales Lächeln als Symbol von Freundlichkeit kann als echtes Lächeln mit dem Einsatz des Augenmuskels jederzeit hergestellt werden. Auf dieses hergestellte Lächeln reagieren die Spiegelneurone des Gegenübers genauso wie auf das echte Lächeln. Im weiteren Verlauf des Kapitels sprechen wir nur von Lächeln, denn sowohl das spontane wie auch das soziale Lächeln gehen ab jetzt mit Augenstrahlen einher.

Ein Lächeln stellen Sie am einfachsten über das Strahlen Ihrer Augen her. Lassen Sie Ihre Augen strahlen, und schon ziehen Sie Ihre Mundwinkel nach oben und das bezauberndste Lächeln breitet sich auf Ihrem Gesicht aus. Dazu aktivieren Sie Ihre Augenmuskeln, was mit dem Strahlen der Augen einhergeht.

Der Augenmuskel ist im Gehirn dafür zuständig, dass Glückshormone ausgeschüttet werden. Wir regen also mit dem Strahlen der Augen den körperlichen Prozess der Herstellung und Ausschüttung von Glückshormonen, das leibliche Empfinden von Glück und das spontane Gefühl des Glücklichseins an. So stellen wir zwischenmenschliche Kontakte her, öffnen unsere eigenen Ressourcen und erkennen auch an einem regnerischen Tag die Schönheiten des Lebens.

Zudem entspannen Sie mit einem Lächeln neben der Gesichtsmuskulatur auch die Nacken- und obere Rückenmuskulatur. Für ein ernstes bis mürrisches Gesicht strengen Sie die Gesichtsmuskulatur mehr an als beim Lächeln. So aktivieren Sie bei einem mürrischen Gesicht 40 und beim Lächeln 17 Muskeln. Hier wird deutlich, dass ein Lächeln weit gelöster und weniger aufwendig ist als jeder andere Gesichtsausdruck.

So gelebte Pausen sind erholsam und stärkend, machen entspanntes und konzentriertes Weiterarbeiten möglich. Also: Gestalten Sie Ihre Pausen ab jetzt lächelnd und lachend.

... und kichern und glucksen ...

Das Kichern gehört zu den Mädchen, wenn sie zusammensitzen und sprechen und dabei kichern und kichern. Kichern ist ein Ausdruck tiefer Zufriedenheit und Entzücken an sich selbst, an anderen und an einer Situation. Glucksen ist dem ähnlich, und auch damit wird Wohlgefühl und Freude ausgedrückt. Diese Gefühlsensembles machen es also möglich, Kichern und Glucksen auszuführen.

 Kichern und glucksen wir in einer Teamsitzung. Während eines Streitgesprächs lassen wir damit eben diese Gefühle von Zufriedenheit und Entzücken an uns selbst und einer Situation, Wohlgefühl und Freude entstehen. Wie viel einfacher wird es jetzt, die Teamsitzung zu leiten oder das Streitgespräch zu genießen und beides zu einem gelungenen Abschluss zu führen.

... und zum Schluss noch: lächerlich!

Die Angst vor der Lächerlichkeit oder des Sich-lächerlich-Machens ist eine, mit der sich erwachsene Personen regelmäßig beschäftigen und mit der sie sich davon abhalten, lachend das eigene Leben zu gestalten. Studien zufolge haben elf Prozent der Menschen in Deutschland Angst davor, ausgelacht zu werden. Diese Angst ist so groß, dass heute eine Phobie danach benannt wird: Gelotophobie. Menschen, die unter dieser Phobie leiden, bewerten Lachsituationen als Auslachsituationen. Sie schämen sich stark und fürchten sich auf Dauer mehr und mehr davor, solchen Auslachsituationen zu begegnen.

Nun wissen wir, dass Personen ihre Gefühle selbst wählen, um damit die verschiedenen Situationen zu bewältigen. Hier ist es so, dass eine Situation zuerst als Auslachsituation bewertet wird und dann die Gefühle Scham, Furcht und Ärger ausgewählt werden, um mit dem oftmals vermeintlichen Auslachen einen Umgang zu finden. Wird dieses Gefühlsensemble als Stimmung ausgewählt, wird es möglich, jederzeit Auslachsituationen wahrzunehmen.

Wir wissen auch, dass alle Gefühle dem Menschen dienlich sind, und als Personen nutzen wir sie. Was nun ist das Dienliche an diesem Gefühlsensemble Scham, Furcht und Ärger? Was ist großartig daran, Angst zu haben vor dem Sich-lächerlich-Machen? Was gefällt uns an der Angst vor dem Ausgelacht-Werden so gut, dass wir dadurch eine Gelotophobie erschaffen?

Angst ist eine Warnung und wird in der Regel dann aktiviert, wenn wir uns schützen wollen. Doch oftmals aktivieren erwachsene Personen dann ihre Angst, wenn es darum geht, anders zu sein als die anderen, aufzufallen oder sich dem Allgemeingültigen, den Normen und Regeln entgegenzustellen. Was ist also das Großartige an der Angst vor dem Sich-lächerlich-Machen? Mit dieser Angst schaffen Personen es auf jeden Fall, sich zurückzuhalten, im Hintergrund zu bleiben und von dort aus am Geschehen teilzuhaben. Wenn Sie also im Hintergrund bleiben wollen, empfiehlt sich, anstatt schallend zu lachen zu schmunzeln, zu lächeln, zu strahlen oder einfach ganz leise vor sich hinzulachen.

HUMOR UND LACHEN IM WOLLENSYSTEM

Humor und Lachen gehören zusammen. Der Humor ist die Grundhaltung, auf der das Lachen entstehen kann, und das Lachen macht den Boden des Humors saftig und fruchtbar. Sowohl Humor als auch Lachen sind Kompetenzen, die den Menschen zur Verfügung stehen. Als Personen haben Sie die Möglichkeit, diese Kompetenzen zu erweitern, zu verfeinern, auszubauen und mehr werden zu lassen. In jeder Lebenszeit lässt sich Humor und Lachen ins Leben holen.

Gemäß Gerechtes Sprechen wird mit der Kraft der Sprache die Welt benannt und erschaffen. Am besten also erschaffen Sie eine Welt, in der Humor und Lachen Raum zur Entfaltung erhalten. Sprechend den humorigen Teil der realen und gefühlten Welt wahr werden zu lassen, öffnet in jeder Zusammenarbeit den Weg zu den eigenen, fremden und gemeinsamen Ressourcen und Möglichkeiten.

Humor ist eine Grundhaltung, die Sie erlernen und erweitern können, wenn Sie es *wollen*. Wichtig ist in dieser Aussage, dass Sie als Person Ihren Humorboden entdecken und erweitern *wollen*, Ihre Humorkompetenz ausbauen *wollen*. Das Wollensystem, welches im Gerechten Sprechen dem Zwangssystem gegenübergestellt ist, wird sprachlich eingesetzt durch die Begriffe »wollen«, »möchten« und »wünschen«. Im Gegensatz zu den Begriffen »müssen« und »sollen«, die das Zwangssystem des menschlichen Denkens aktivieren. Im Zwangssystem ist das personale Können auf Anpassung und Widerstand reduziert. Den Humorboden kennenzulernen und die Humorkompetenz zu erweitern, ist am leichtesten im Wollensystem zu erreichen. Sie wollen nun also Ihre Humorkompetenz entfalten und Ihre Humorhandlungen erweitern? Wie das geht, zeige ich Ihnen auf den nächsten Seiten.

HUMOR UND LACHEN IM PAUSENRAUM

Wenn alles, was geschieht, auf den Humorgehalt, die Humorkompetenz der beteiligten Personen, auf die Nutzung von Humorhandlungen und die dafür eingesetzten Gefühle hin untersucht wird, gehen Sie einen radikal anderen Weg als andere Analysen. Ihr Blick richtet sich auf diese Weise ganz auf die Strategien, die zum Gelingen einer Situation beitragen, und Sie fragen anschließend danach, welche weiteren Möglichkeiten für noch mehr Gelingen zur Verfügung stehen.

Perspektivenwechsel

In der heutigen weltlichen Verfasstheit die Zusammenhänge aus dem Blickwinkel des Humors zu betrachten, stellt einen radikalen Perspektivenwechsel dar. Sowohl im Blick auf sich selbst als auch auf andere Personen beziehungsweise auf Situationen reflektieren und analysieren Sie ein Geschehen hinsichtlich der gelungenen Anteile und nutzen dies für die Gestaltung der eigenen Zukunft. Aufbauend auf der jeweils vorhandenen Fähigkeit des Sich-Hinterfragens richten Sie somit die Perspektive von der Suche nach Mängeln hin zu der Suche nach Können, Fähigkeiten, Möglichkeiten aus. Diesen Wechsel ermöglichen Sie, indem Sie das Hinterfragen entlang der humorvollen Zusammenhänge gestalten. Und: Bereits in dem Moment, in dem Sie sich mit den Begriffen Humor und Lachen denkend beschäftigen, werden Humor und Lachen als gefühlte und reale Zusammenhänge wahrgenommen, da das menschliche Gehirn dies sofort umsetzt.

So geht es in den Pausen mit Ihren Kolleginnen und Kollegen darum, dass Sie einander von den gelungenen Zusammenhängen berichten, das Lustige und Humorvolle an den verschiedenen Situationen hervorheben und sich gemeinsam daran erfreuen.

Ressourcenorientierung

Der angesprochene Perspektivenwechsel führt zu einer klaren und reinen Ressourcenorientierung. Alles Denken, Fühlen, Sprechen und Handeln wird allein an den eigenen und den fremden Ressourcen ausgerichtet. Alle vorhandenen Schwächen oder gemachten Fehler werden auf ihren Ressourcengehalt hin überprüft.

Auf der Grundlage von Humor lässt sich lachend leichter fragen, was Ihnen daran so gut gefällt, wenn Sie andere anschreien oder angeschrien werden. Was der Gewinn dabei ist, wenn Sie beleidigt reagieren. Was Sie alles richtig gemacht haben, selbst wenn Sie größere Fehler begangen haben. Und schließlich kann sogar gefragt werden, was denn großartig daran ist, dass Sie entlassen werden? So entdecken Sie sogar in den schwierigsten Situationen die in jeder Situation beheimatete Ressource. Humorvoll und lachend können Sie diese manchmal angenehmen und manchmal auch abgelehnten Ressourcen nutzen oder verändern.

Das bedeutet, dass jede Situation sprachlich entlang der Möglichkeiten, des Könnens, der enthaltenen Ressourcen beschrieben und damit auch entworfen wird.

Ein Team ist seit längerem zerstritten. Nun fragt der Coach danach, was den Teammitgliedern an der zerstrittenen Situation so gut gefällt, dass sie diese Situation täglich reproduzieren. Er fragt danach, was sie davon haben, dass sie sich so verhalten, wie sie es tun. Nun bekommt er überraschende Antworten: »Wir haben immer ein Thema, über das wir miteinander reden können«, »Wir erlauben uns so, auch schlecht über andere aus dem Team zu sprechen«, »Ich erhalte jeden Tag die für mich passende Aufmerksamkeit«, »Zudem kann ich krankmachen, weil es damit immer einen Grund gibt«.

Anschließend überlegen alle gemeinsam, wie diese Ressourcen in einem harmonisch funktionierenden Team umgesetzt werden können. Die Ergebnisse lauteten beispielsweise: »Wir setzen ein Thema fest, über das gesprochen werden kann«, »Wir richten eine Ecke ein, in der gelacht werden darf«, »Jede bekommt eine andere Person zugeteilt, die ihr täglich Aufmerksamkeit zukommen lässt«, »Urlaubstage und freie Tage werden sorgfältig geplant, sodass das Krankmachen überflüssig wird«.

HUMOR UND LACHEN ALS BURNOUT-PROPHYLAXE

Noch einmal sei deutlich darauf hingewiesen, dass regelmäßiges Lachen und Lächeln tatsächlich die Gesundheit unterstützt. Mit diesem Wissen ist es doch eigentlich selbstverständlich, wenn genau in den schwierigsten Situationen gelacht wird. Dann also, wenn bisher Zusammenhänge entworfen wurden, in denen Menschen sich anspannten, verkrümmten und krank wurden. Genau dann ist es wesentlich, diese Situationen lachend zu gestalten. Die Situationen bleiben damit dieselben, Sie schauen sie nur anders an und finden mit dieser veränderten Perspektive auch andere Möglichkeiten, mit ihr umzugehen.

Bei jedem Lächeln, an dem die Augen beteiligt sind, werden Glückshormone im Gehirn freigesetzt. Bei jedem herzhaften Lachen werden viele Muskeln bewegt, und eine Sauerstoffdusche durchläuft den Körper, Stresshormone werden abgebaut und die Konzentration aktiviert und aufgebaut. Da lohnt es sich, mindestens alle zehn Minuten zu lächeln und jede Stunde mindestens einmal schallend zu lachen.

Beginnen Sie von nun an Ihre Tage mit einem Lächeln. Und stellen Sie sich vor, Sie beginnen in einer Konfliktsituation, in einem als peinlich bewerteten Moment, mitten im eigenen Scheitern zu lachen. Dann verändern Sie damit Ihren Blick und den der anderen auf diese Situation. Dann kann es sogar Spaß machen, die eigenen Fehler zu erkennen. Das Lustigste, was es gibt, ist doch immer noch, sich selbst als Narr zu erleben. Ich wünsche Ihnen viel Vergnügen!

> **Tipps für die Umsetzung**
>
> **Beratung und Führung:** In der Beratung und in der Führung können Sie Lachen gezielt als Strategie einsetzen. Auch hier ist es von Bedeutung, Ihrer Zielgruppe die Vorzüge des Lachens zu erläutern. Insbesondere können Sie betonen, dass regelmäßiges Lächeln und Lachen eine Burnout-Prophylaxe darstellt, die jede Person selbstverantwortlich und sofort umsetzen kann. Als Führungsperson können Sie dafür sorgen, dass sowohl die Struktur als auch die Atmosphäre dazu beiträgt, lachen zu wollen. So können Sie gezielt Lachecken einrichten, in denen regelmäßig und laut gelacht wird. Und Sie können auch regelmäßig jede Stunde in einem Großraumbüro

beispielsweise laut und herzlich lachen. Es hat sich gezeigt, dass ein stündliches Lachen das Wohlgefühl, die Leistung der Mitarbeitenden und deren Arbeitsqualität steigert.

Neben dem **im Unterricht** ja regelmäßig behandelten Auslachen ist es nach dem Wissen rund um Humor und Lachen notwendig, auch das Lachen selbst zum Thema zu machen. Hier bringen Sie die Kinder und Jugendlichen mit den Vorzügen des Lachens in Kontakt:

- Sie zeigen die soziale und damit die verbindende Dimension,
- verstärken das kommunikative Element und
- der gesundheitsfördernde Anteil wird hervorgehoben.

Regelmäßiges gemeinsames Lachtraining kann Kinder und Jugendliche schon früh mit diesen sehr erfolgversprechenden Vorzügen des Lachens bekannt machen.

Konflikte

DIE NOTWENDIGEN STREITEREIEN

Eines gehört auch und immer wieder zu einer kollegialen Zusammenarbeit: die kleineren und größeren Streitereien und Konflikte. Die einen machen mehr, die anderen weniger Spaß. Für manche von Ihnen ist die Verbindung von Konflikten mit Spaß schon eine riesige Provokation. Andere wiederum werden mir von Herzen zustimmen. Versuchen wir nun, diesen beiden und noch mehr Perspektiven auf Konflikte gerecht zu werden, und entwickeln wir Wege, in denen Konflikte zu Lösungen und Einigungen führen.

Jede Zusammenarbeit braucht Spannung und damit eben die Konflikte. Sie sind anderer Meinung, Sie haben verschiedene Wahrnehmungen, Sie nutzen andere Verarbeitungstechniken und Bewältigungsstrategien. Vor diesem Hintergrund wird nochmals und einschneidend deutlich, dass das Ausleben von Reibereien, Streitereien und Konflikten jede Zusammenarbeit stärkt und weiterbringt. Denn: Erst mit den klärenden Auseinandersetzungen kann Qualitätssteigerung erwirkt werden.

PROFESSIONELLE STREITKULTUR

In beruflichen Kontexten gehören Auseinandersetzungen zum alltäglichen Geschäft. Nun kommt es darauf an, dass diese notwendigen Auseinandersetzungen so geführt werden, dass sie die konstruktive Zusammenarbeit fördern, Lösungen und gemeinsame Wege eröffnen.

Eine gelungene Auseinandersetzung auf der Grundlage des Gerechten Sprechens erfüllt die folgenden Bedingungen.

So bald wie möglich miteinander sprechen

Sobald eine Irritation vorhanden ist, wird diese angesprochen. Wenn für Sie klar ist, dass es sich bei dieser Situation um einen Konflikt handelt, sprechen Sie es sofort an. »Sofort« bedeutet der zeitliche Rahmen einer Woche. An dieser Stelle geht es zuerst einmal darum bekanntzugeben, dass eine Störung, eine Irritation, ein Konflikt vorliegt. Nach Lösungen wird später gesucht.

Wenn Sie sich entscheiden zu schweigen, dann wird auf jede Art und Weise verzichtet, die andere Person auf den Konflikt aufmerksam zu machen: Es gibt keine versteckten Blicke oder Andeutungen, kein Hintenherumgerede, keine spitzen Bemerkungen oder Ähnliches und keine Gerüchte werden in die Welt gesetzt. Denn all dies ist Gift für jede Zusammenarbeit und stört eine einmal aufgebaute Streitkultur zutiefst und nachhaltig.

Sie sagen, was Sie meinen, und meinen, was Sie sagen

Die eigene Sicht auf die Situation wird ausgesprochen. Hier können Sie das Grundmuster anwenden, das im Feedback angegeben ist:

- Wahrnehmung beschreiben,
- Bewertung aus der eigenen Perspektive benennen,
- Ausblick in Form einer Frage, eines Angebots.

Benennen Sie auch Ihre Gefühle, die entscheidend zur Bewertung und Bewältigung der Situation beitragen. Gefühle liegen in Ihrer Verantwortung und werden von Ihnen ausgewählt, um mit dieser Situation einen adäquaten Umgang zu finden. Auf Schuldzuweisungen wird demnach gänzlich verzichtet. Sowohl auf der inhaltlichen als auch auf der Gefühlsebene.

Es heißt nun nicht mehr:
»Du hast mich beleidigt.«
»Du nimmst mich nicht ernst.«
»Du verletzt mich.«

Sondern es heißt:
»Ich bin beleidigt.«
»Ich will ernst genommen werden.«
»Ich fühle mich verletzt.«

Denken Sie daran: Sprache benennt und erschafft Wirklichkeiten. Auch in einer konflikthaften Situation bedeutet das, dass alle Beteiligten die eigene und gemeinsame Wirklichkeit sprechend entwerfen. Sie können Öl ins Feuer gießen oder eine Glut am Leben erhalten oder zu einer sinnvollen Nutzung des Feuers beitragen.

Sie sprechen von sich her

Sie sprechen von sich in der Ich-Form und verzichten auf Verallgemeinerungen und Generalisierungen. Sie sind sich Ihrer Verantwortung und Zuständigkeit bewusst und lassen die Verantwortung und Zuständigkeiten der anderen bei denen.

Sie sind in der Grundhaltung des Gerechten Zuhörens

Sie hören auf Wort, Satz und Inhalt hin zu und verstehen das, was Sie hören. Dies trennen Sie von den eigenen Interpretationen und reagieren allein auf das Zugehörte. Sie wollen zuhörend verstehen und zuhörend sprechen. Sie hören sich selbst zu und können sich so korrigieren oder ergänzen und wissen nachher noch, was Sie gesagt haben.

Das Setting ist geklärt

Die Konfliktklärung hat einen zeitlich begrenzten Rahmen und findet an einem neutralen Ort statt. Sie verfügt über einen Anfang und einen Schluss, die für alle Beteiligten deutlich erkennbar sind.

Ressourcen- und Lösungsorientierung

Alle Beteiligten kommen zu Wort und werden gehört. Eine Lösung wird angestrebt. Es gilt die prinzipielle Gleichheit aller Beteiligten.

Wenden Sie die menschliche Fähigkeit des Hineinsteigerns in Gefühle, Wahrnehmungen und Handlungen an. Mit anderen Worten: Steigern Sie sich hinein in diese Grundlagen einer professionellen Streitkultur und streiten Sie mit Spaß und Energie für die gute Zusammenarbeit, für passende Lösungen und die konkrete Nutzung der eigenen und der gemeinsamen Ressourcen.

Bedingungen für eine professionelle Streitkultur
- Sie sprechen so bald wie möglich miteinander.
- Sie sagen, was Sie meinen, und meinen, was Sie sagen:
  - Wahrnehmung beschreiben,
  - Bewertung aus der eigenen Perspektive benennen
  - Ausblick in Form einer Frage oder eines Angebots
- Sie sprechen von sich her.
- Sie sind in der Grundhaltung des Gerechten Zuhörens.
- Das Setting ist geklärt.
- Ressourcen- und Lösungsorientierung

GERECHTES STREITEN

Gehen wir nun davon aus, dass Sie miteinander streiten wollen und dass das Ziel des Streitens Lösungen und Abmachungen sind. Sie verabschieden sich damit von der Haltung, Recht haben zu wollen oder den anderen zu beweisen, wie gut Sie sind, und Sie verzichten darauf, die Verantwortung für Ihr Beleidigtsein an die anderen zu delegieren oder Ihre eigenen Fragen und Ihr Minderwertigkeitsgefühl zu kaschieren. Stattdessen steigern Sie sich hinein in die Bedingungen der professionellen Streitkultur, wollen Ihre Wahrnehmung aussprechen, die Wahrnehmung der anderen hören, die eigenen und die gemeinsamen Ressourcen nutzen und darauf aufbauend Lösungen entwickeln.

Das aktuelle Konfliktgespräch

Gerade in aktuellen Konflikten ist es sinnvoll, dem Konfliktgespräch eine Struktur zu geben und sich in der konkreten Situation daran zu orientieren. Im Folgenden erinnere ich Sie an die Struktur des Diskurses, die auf den ersten Blick vielleicht etwas überraschend erscheint, da sie sich an den Übereinstimmungen der Streitenden orientiert.

In der Praxis hat sich dieses Vorgehen als sehr sinnvoll erwiesen, wird doch mit der Konzentration auf die Übereinstimmungen die Perspektive der Streitenden radikal verändert. Sie richtet sich sofort weg vom Problem und den Schuldzuweisungen hin zu den immer auch vorhandenen Ressourcen und möglichen Lösungen. Zudem tragen Sie den verschiedenen Verhältnissen der Gerechtigkeit Rechnung: das gerechte Verhältnis der Person zu sich selbst, der Personen zueinander und das gerechte Verhältnis zur Situation.

Ablauf eines aktuellen Konfliktgespächs

Beim Ablauf eines Konfliktgesprächs richten Sie sich nach der Struktur des Diskurses. Geübten Diskurslern wird es leichtfallen, sich auch in Konfliktsituationen am Konsens zu orientieren. Geht es doch besonders in strittigen Situationen in der Zusammenarbeit darum, die Gemeinsamkeiten wieder zu erkennen, um darauf aufbauend Lösungen zu finden.

Ablauf des Konfliktgesprächs

- Thema ausformulieren
- Übereinstimmungen benennen
- abweichende Meinungen kennzeichnen
- gegebenenfalls weitere Übereinstimmungen herausarbeiten
- erste Lösungen formulieren auf den Ebenen
  - Inhalt
  - jede Person in Bezug auf sich
  - jede Person in Bezug zum Auftrag
  - Personen in Bezug zueinander
  - Personen in Bezug zur Institution
- fragen: Welche Perspektiven und Handlungsmöglichkeiten stellen die Lösungen zur Verfügung?
- Handlungsplan erstellen
- Kontrolldatum vereinbaren

Halten Sie sich strikt an den Ablauf des Diskurses. Wenn es Ihnen zu Beginn schwerfällt, sich an den Übereinstimmungen und Lösungen zu orientieren, suchen Sie sich eine Gesprächsmoderatorin. Diese wird Sie dann konsequent an die Konzentration auf die Übereinstimmungen erinnern. So können Sie anhand der kleinen und größeren alltäglich stattfindenden Auseinandersetzungen den Perspektivwechsel einüben und trainieren.

Die schon länger schwelenden Konflikte

Dann gibt es in jedem Team die schon lange unter dem Teppich modernden Konflikte. Auch diesen geht es hier an den Kragen. Im Folgenden stelle ich Ihnen eine Struktur vor, die auf den Bedingungen für eine gelungene Auseinandersetzung auf der Grundlage des Gerechten Sprechens fußt.

Es ist ebenfalls notwendig, den Blick auf die Möglichkeiten und Lösungen hin zu richten, um die verschiedenen Verhältnisse der Gerechtigkeit real werden zu lassen. Neben einer Diagnose des Konflikts braucht es die sprechende Klärung, die Lösungsfindung für die Zukunft und die Übersetzung in einen konkreten Handlungsplan.

Konfliktanalyse

Eine Konfliktanalyse ist bei länger andauernden Konflikten von Bedeutung, da in der Regel die gesamte Organisation betroffen und beteiligt ist. Diese Diagnose kann von der Leitung oder von einer kleinen Gruppe von Konfliktbeteiligten gemacht werden. Wichtig ist in jedem Fall, dass alle Beteiligten zu Wort kommen und sich an die Bedingungen für eine gelungene Auseinandersetzung halten. Dabei spielen die folgenden Fragen eine Rolle.

Konfliktinhalt
- Was ist der Gegenstand des Konflikts?
- Welches Thema ist ausgesprochen?
- Gibt es ein verschwiegenes Thema im Konflikt?
- Gibt es eine Themenverschiebung?

Konfliktpositionen
- Welche Ebenen der Organisation sind betroffen?
- Welche Positionen sind an dem Konflikt beteiligt?
- Gibt es Positionsüberschreitungen?

Konfliktpersonen
- Wer ist an dem Konflikt beteiligt?
- Welche inhaltlichen Schwerpunkte vertreten die Beteiligten?
- Welche Übereinstimmungen sind vorhanden?
- Gibt es offensichtliche Konfliktpartner oder wird »geredet über …«?

Konfliktverlauf
- Welche Geschichte hat der Konflikt?
- Wie lange dauert er schon?
- Gibt es wechselnde Konfliktpartner in verschiedenen Phasen?

All diesen Fragen wird nachgegangen und die verschiedenen Perspektiven werden zusammengetragen. Das analytische Augenmerk ist auf die Übereinstimmungen und vorhandenen Möglichkeiten gerichtet. So kann schon bei der Sammlung und ersten Analyse herausgearbeitet werden, welche Lösungen im Konflikt selbst vorhanden sind. Nehmen Sie sich genügend Zeit für eine solche Analyse. Der Konflikt bleibt Ihnen sowieso so lange erhalten, bis Sie ihn aufgelöst haben. Daran anschließend finden ein oder auch mehrere Konfliktgespräche statt. Es kann sinnvoll sein, mit allen zusammen zu sprechen oder mit jeder Person einzeln. Vielleicht ist es sinnvoll, bei den schon sehr lange gepflegten Konflikten eine außenstehende Person zur Moderation dabeizuhaben.

Konfliktgespräch

Folgende Grundhaltung, basierend auf Gerechtes Sprechen, macht es möglich, auch unter noch so tief zerstrittenen Personen Gemeinsames zu entdecken und Lösungen zu finden: Ausgehend von den Grundannahmen, dass Sprache Wirklichkeiten benennt und auch erschafft, dass gesagt wird, was gemeint ist, und das gesprochene Wort gilt, ist jede Person selbst dafür verantwortlich, welche Art und Weise der Konfliktlösung gefunden wird. Zudem wird eine klare Orientierung an den vorhandenen Ressourcen und den möglichen Lösungen eröffnet. Vor diesem Hintergrund sind auch die größeren Konflikte in dem dazu passenden Verhältnis von Nähe und Distanz zu gestalten. Klare Formulierungen wechseln sich ab mit Verstehen und Nachfragen, um das Ziel der noch besseren Zusammenarbeit gemeinsam zu erreichen.

Ablauf eines Konfliktgespächs aufgrund der Konfliktdiagnose

- Konfliktdiagnose vorstellen
- Übereinstimmungen herausstreichen
- abweichende Meinungen benennen und als solche stehen lassen
- gegebenenfalls weitere Übereinstimmungen herausarbeiten
- erste Lösungen formulieren auf den Ebenen:
  - Inhalt
  - jede Person in Bezug zu sich
  - jede Person in Bezug zum Auftrag
  - Personen in Bezug zueinander
  - Personen in Bezug zur Institution
- fragen: Welche Perspektiven und Handlungsmöglichkeiten stellen die Lösungen zur Verfügung?
- konkrete Abmachungen treffen
- Handlungsplan erstellen
- Kontrolldatum vereinbaren

Es wird wieder einmal deutlich: Je nach Perspektive auf eine Situation wird diese als Konflikt, als Chance, als Freude oder als Erfolg bewertet. Das alte Sprichwort: »Die Schönheit liegt im Auge des Betrachters« bewahrheitet sich ganz besonders im Umgang mit Auseinandersetzungen und konfliktreichen Situationen. Wie eine solche berufliche Situation ausgeht, hat allein damit zu tun, wie die Beteiligten sie sprechend entwerfen und zuhörend lösen.

> **Tipps für die Umsetzung**
>
> **Im Coaching:** Die aufgeführten Abläufe von Konfliktgesprächen können Sie auch als Coach in den verschiedensten Kriseninterventionen nutzen. Wichtig ist es hierbei, dass Sie auf die Grundhaltung hinweisen und die betroffenen Personen dazu herausfordern, auch im Konflikt die Gemeinsamkeiten zu erkennen und diesen folgen zu wollen. Sicherlich brauchen die betroffenen Personen und Gruppierungen Ihre ganz konkrete und klare Erinnerung an die Konsensfindung und gerne auch an die Richtlinien für ein strukturiertes Gespräch, die das Finden von Konsens einfacher machen.
>
> **In der Führung:** Für Sie als Führungspersonen empfiehlt es sich, dass Sie gerade in kurzfristigen, aber auch in langfristigen Auseinandersetzungen mit dem Diskurs arbeiten. Denn so erarbeiten Sie sich ein Team, das gemeinsam Lösungen und Möglichkeiten auch in den Differenzen der gemeinsamen Zusammenhänge findet und so Leistungssteigerung und Qualitätssicherung betreibt.
>
> **Im Unterricht:** Mit Kindern und Jugendlichen können Sie ebenfalls wunderbar in Konfliktsituationen mit diesem Ablauf arbeiten. Eigentlich wissen wir, dass diese Zielgruppe schnell bereit ist, sich nach einem Streit zu versöhnen. Wenn Sie also von Beginn an die geteilten Ansichten hervorholen, beschleunigen Sie den Prozess der Annäherung und des Verstehens.

Gerechtes Sprechen – ein Einblick

SPRACHE BENENNT UND ERSCHAFFT WIRKLICHKEITEN

Gerechtes Sprechen ist ein Kommunikationsmodell, das die sprechende und zuhörende Arbeit erleichtert. Es basiert auf verschiedenen philosophischen und neurowissenschaftlichen Erkenntnissen und macht diese für die Alltagskommunikation nutzbar. Gerechtes Sprechen revolutioniert neben dem sprechenden Austausch auch die Selbstwahrnehmung, da es durch und durch ressourcen- und lösungsorientiert ist. Zudem verfeinert es die täglichen zwischenmenschlichen Begegnungen, da es darum geht, einander mitzuteilen, was gemeint ist.

Sprache dient der zwischenmenschlichen Verständigung. Soziale Begegnungen und Begebenheiten werden in wesentlichen Teilen sprachlich gestaltet. Mithilfe von Sprache teilen Sie einander Gedanken, Gefühle, Erlebnisse und Wahrgenommenes mit. Durch Sprache wird Verantwortung übernommen und werden Zuständigkeiten zugesprochen. Sie hören, sehen und fühlen sich, wenn Sie sprechen. Jede Zusammenarbeit braucht eben diese Aspekte, in denen Sprache wesentlich zu gelungenen Begegnungen beiträgt.

In der Sprache drücken sich Zugehörigkeiten aus. In der Welt finden Sie sich zurecht, indem Sie sich einordnen in gegebene Verhältnisse und Zusammenhänge, indem Sie benennen, was Sie kennen und was Sie ersehen, indem Sie hören, was andere Menschen erzählen. Durch Sprache werden auch Grenzen errichtet, die sowohl dienlich sind als auch ausgrenzend sein können. In kollegialen Verhältnissen, wie wir sie zum Beispiel in den Berufen rund um Lehre und Beratung vorfinden, stellen diese Zusammenhänge von Zugehörigkeiten und Grenzsetzungen zentrale Voraussetzungen für die Zusammenarbeit dar. Erst in den sprachlich gefassten Zuordnungen der Zusammenarbeit können Personen sich einordnen und professionell bewegen. Durch Abmachungen, in denen Sie vereinbaren, wie Sie miteinander reden und zuhören, erhöhen Sie die Sicherheit in der Kommunikation und im täglichen Austausch.

Mithilfe von Sprache werden Möglichkeiten eröffnet, die herausfordern und überfordern können. Gerechtes Sprechen definiert Sprache und Sprechen als soziale Fähigkeit, die es zu pflegen und weiterzuentwickeln gilt.

> So gesehen ist Sprache das wichtigste Kommunikationsmittel, da es der Teil ist, der bewusst und deutlich das ausdrückt, was ausgedrückt werden will. Mit anderen Worten: Gerechtes Sprechen spiegelt Sprache Gedanken, Gefühle, Erlebnisse und gesellschaftliche Verhältnisse. Gleichzeitig bringt Sprache Gedanken, Gefühle, Erlebnisse und gesellschaftliche Verhältnisse hervor.

Durch Sprache werden Wirklichkeiten bestätigt und neue Wirklichkeiten erschaffen.

Das schon oft zitierte Wasserglas macht in diesem Zusammenhang ganz deutlich: Ein bis zur Hälfte gefülltes Wasserglas wird, wenn es als halbleer beschrieben wird, den Durst weniger löschen, als wenn es als halbvoll beschrieben wird.

Diese unterschiedliche Beschreibung derselben Wirklichkeit – halbleer oder halbvoll – hat eine sofortige Gefühlsreaktion zur Folge: »Ich bin noch durstig« oder »Ich habe meinen Durst gelöscht«. Die Annahme, dass Sprache Wirklichkeiten beschreibt und erschafft, macht deutlich, dass es sich lohnt, so zu sprechen, dass die gewollte Wirklichkeit entsteht. Im Rahmen von Gerechtes Sprechen bedeutet das, dass Sie eine gerechte Wirklichkeit für sich, die weiteren Personen und die umgebenden Verhältnisse sprechend erschaffen.

Für den Berufsalltag beispielsweise in der Schule übersetzt kann das heißen:

Bewerten Sie Ihre Kollegen als die anderen, denen Sie zu zeigen haben, dass Ihr Unterricht besser ist als der ihre? Oder begegnen Sie ihnen als Kollegen, mit denen Sie zusammen noch besser werden können? Je nach sprachlicher Bewertung des gleichen Lehrkörpers erschaffen Sie eine ganz andere Wirklichkeit.

ES GILT DAS GESPROCHENE WORT

Im Gerechten Sprechen gilt das gesprochene Wort. Sie meinen, was Sie sagen und sagen, was Sie meinen. Damit verlassen Sie die vermuteten, angenommenen oder hineininterpretierten Momente in Gesprächszusammenhängen und treten ein in die Welt der Sprache, der Begriffe, der Satzkonstruktionen und ihrer Bedeutungen.

Diese Grundannahme hat große Konsequenzen für die gesamte Kommunikation. Die Arbeit, ständig die gehörte Botschaft interpretieren zu wollen, fällt weg, und Sie erhalten sehr viel Raum und Kraft und Gedankenfreiheit, um sich mit dem auseinanderzusetzen, um das es Ihnen geht.

Rückmeldungen von Seminarteilnehmerinnen sprechen eine deutliche Sprache:

»Ich kann mich nun klarer und pointierter ausdrücken. Ich rede von dem, was ich meine, und meinen die anderen etwas anderes, können wir das ausdiskutieren. Und seitdem ich aufgehört habe, aus jedem Satz, den ich höre, noch ein ganzes Buch herauszuhören, kann ich mich wieder viel besser auf mich verlassen und auf meine Arbeit konzentrieren.«

Für den gemeinsamen beruflichen Alltag bedeutet diese Grundannahme, dass Sie sich tatsächlich über die eigene Arbeit austauschen, da das gesprochene Wort gilt und die eigenen Annahmen und Interpretationen als Eigenleistung erkannt werden. So können Sie eine Feedback- und Lobkultur aufbauen, in dem die eigene und die Arbeit anderer den Stellenwert bekommen, den sie verdienen. Ebenfalls wird es leichtfüßig möglich, Materialien und Erkenntnisse zur Verfügung zu stellen und sich über deren optimale Nutzung auszutauschen.

ES GILT DAS ZUGEHÖRTE WORT

Gerechtes Sprechen bedeutet, Sie hören dem zu, was Sie hören. Das heißt, dass Sie den Geräuschen, Worten, Sätzen, die in Ihrem Ohr ankommen, zuhören. Die empathische Aufmerksamkeit beim Zuhören liegt bei Ihnen als zuhörender Person. So wird die innere Welt erlauscht und die äußere Welt erhört.

Im Ohr des Menschen liegen das Hör- und das Gleichgewichtsorgan. Da das Ohr fortwährend offen ist, hören Sie ständig. Sie nehmen laufend mit dem Ohr die inneren und äußeren Geräusche wahr. Das Ohr kann, anders als das Auge, vor den Außeneinflüssen nur mit zusätzlichen Hilfsmitteln verschlossen werden. Sie hören die Sie umgebenden Geräusche, Töne, Sprechakte, die als Schallwellen an Ihre Ohren getragen werden. Diese werden dort aufgenommen und als Klopfgeräusche an das Innenohr weitergeleitet. Dabei werden sie zu Wellenbewegungen, die den Hörnerv erregen. Dieser Reiz wird an das Hörzentrum im Gehirn übermittelt, und hier hören Sie und unterscheiden zwischen den einzelnen Reizen, filtern das zugehörte Wort heraus und hören dem zu. Mit anderen Worten: Sie hören genau dem zu, was Sie hören. Daraus folgt: Die Personen sind sich dieses Vorganges bewusst und haben erkannt, dass das Zugehörte und das Gesagte durchaus unterschiedlich sein kann.

> Vor diesem Hintergrund heißt es ab jetzt: »Ich habe gehört«, und auf: »Du hast gesagt« wird verzichtet. So werden Missverständnisse weniger und lästige Streitereien darüber, wer was gesagt und wie gemeint hat, werden überflüssig. Im Zentrum stehen die Überlegungen, um die es allen Beteiligten geht, indem sie dem zuhören, was sie hören. In einem Team hat sich mit der Einstellung »Ich höre dem zu, was ich höre, und frage nach, wenn ich irritiert bin« die Zusammenarbeit merklich verbessert.

Auf dieser Basis kann zwischen dem Gehörten und dem Interpretierten und Dazugedachten unterschieden werden. Wenn Sie sich eine solche Unterscheidung klarmachen, ermöglicht Ihnen diese Zuhörhaltung, die verschiedenen Ebenen der Kommunikation auseinanderzuhalten, und erleichtert Ihnen die sprechende Zusammenarbeit bis hin in die Pausengespräche.

ZUHÖREND VERSTEHEN WOLLEN

Zuhören ist die Entscheidung, dass Sie das Gehörte aufnehmen wollen. Erst diese Entscheidung macht es Ihnen möglich, das eigene Bewusstsein dahingehend zu öffnen, dass Sie bestimmten Tönen zuhören. Im Zuhören wenden Sie sich mit Aufmerksamkeit dem zu, was Sie aus dem Gehörten herausfiltern wollen. Andere Geräusche drängen Sie zurück und hören dem, was Sie aufnehmen wollen, mit Konzentration und Aufmerksamkeit zu.

Sie kennen sicher die Situation im Pausenraum: Alle reden miteinander und der Lärmpegel ist hoch. Sie wollen sich in Ruhe mit Ihrer Kollegin unterhalten. Sie konzentrieren sich auf die leiseren Sprechtöne, filtern sie aus den lauteren Gesamtgeräuschen heraus und hören ihrem Sprechen zu.

Dieses Zuhören – bestehend aus der Entscheidung zuzuhören, die Aufmerksamkeit gezielt zu bündeln, die gewollten Töne herauszufiltern – ist ein hochkomplexer Akt, eine Tätigkeit, eine Handlung – und professionell gesehen, ist Zuhören Arbeit.

Die Absicht, mit der zugehört wird, ist von Bedeutung. Hören Sie zum Beispiel zu, um die Schwächen und Defizite Ihrer Kollegen zu verstehen oder hören Sie mit der Absicht zu, die Ressourcen und das Können Ihrer Kollegin zu verstehen? Diese beiden Zuhörabsichten ergeben ein vollständig anderes zugehörtes inhaltliches Ergebnis bei der gleichen gesprochenen Nachricht. Hören Sie als Lehrerin bei dem Austausch mit Ihren Kollegen auf die Fehler oder auf die passenden Anteile der Antworten hin zu? Hören Sie, als Coach, auf die Einbrüche Ihrer Mitstreiterinnen oder auf die Fortschritte und Erfolge hin zu? Hören Sie als Chefin der Erzählung der Mitarbeiter daraufhin zu, welche Fehleinschätzungen Sie hören oder hören Sie daraufhin zu, welches Können sie berichten? Das gezielte Zuhören der passenden Anteile, der Fortschritte und der Erfolge lässt das Können wachsen, und die Ressourcen von Ihnen, Ihren Mitarbeitern, Ihren Kolleginnen und auch von Ihren Chefinnen treten deutlicher in Erscheinung.

Zur Verarbeitung des Zugehörten brauchen Sie das Gedächtnis. Erst das Gedächtnis macht es möglich, das Zugehörte einzuordnen, wieder- oder als neue Information zu erkennen, zu vergleichen, infrage zu stellen oder zurückzuweisen. Dabei schöpfen Sie aus Ihrem Sein und Gewordensein. Sie gestalten Ihr Zuhören vor dem Hintergrund Ihres eigenen Seins und Gewordenseins.

Da sich auch die innere Welt dem Menschen mitteilt, hören Sie in zwei Richtungen: nach außen und nach innen. Aus der Vielzahl der Geräusche, die Sie hören, wählen Sie das aus, was Sie zuhörend verstehen wollen. Sie hören gleichzeitig das im Außen Gesprochene und das im Innen Erlauschte. Ein Klient beschreibt den Effekt dieser Art des Zuhörens wie folgt:

»Seit ich sowohl nach außen bewusst zuhöre und mich meinem Inneren ebenfalls zuhörend widme, bin ich in meiner Mitte. Wenn ich von dort aus denke und handle, kann ich auch in den schwierigsten, stressigsten und komplexesten Situationen spontan und klar reagieren. Ich lasse mir mehr Zeit und gewinne dadurch tatsächlich mehr Zeit.«

Im Ohr liegt neben dem Hörsinn auch der Gleichgewichtssinn. So stellt die gleiche Gewichtung der inneren und äußeren Geräusche im Zugehörten das innere Gleichgewicht sicher. Diese Zuhörweise bestimmt das eigene Gleichgewicht in sich, mit den weiteren Personen und in den Verhältnissen. Die gleiche Gewichtung verschiedener Zusammenhänge gibt Balance und lässt Gerechtigkeit wachsen. Zuhören bedeutet, das aufzunehmen, was Sie hören, den Inhalt zu hören, die Interpretationen als Ihre eigenen Zuordnungen zu akzeptieren, das Zugehörte gegebenenfalls infrage zu stellen, nachzufragen und herauszufinden, wo Sie tatsächliche Übereinstimmungen, Gegensätze oder sich Widersprechendes wahrnehmen. Dann können Sie Gleichheiten und Unterschiede erkennen und Kompromisse finden.

KONSEQUENZEN DER GRUNDLAGEN

Die bisher ausgeführten Grundlagen sind der Ausgangspunkt der Überlegungen rund um Gerechtes Sprechen. Wenn wir Wirklichkeit mit Sprache benennen und erschaffen, brauchen wir eine Sprache, die der Vielfältigkeit der Realität mindestens standhalten, am besten sie noch ausweiten kann. Wenn das gesprochene Wort gilt, dann setzen Sie Ressourcen und Kapazitäten frei, die ansonsten für Ihre eigenen Fantasien, Interpretationen oder ausgesuchten Andeutungen und gegensätzlich gemeinten Botschaften aufgebraucht werden.

> Der Begriff »**Sprechen**« erhält im Zusammenhang des Gerechten Sprechens eine Bedeutungsvariante, die den alltäglichen Gebrauch erweitern wird. Diese Variante umfasst die Bedeutungen von »besprechen, aussprechen, ansprechen« und wird im Folgenden in diesem Sinn verwendet.
>
> Der Begriff »**Zuhören**« wird im Gerechten Sprechen unterschieden von dem Begriff »Hören«. Hören ist eine ständig stattfindende Aktivität des Menschen. Zuhören ist eine willentliche Konzentration der Aufmerksamkeit, aus dem Gehörten bestimmten Tönen zuzuhören. Dieser Prozess wird von Personen bewusst kultiviert.

Sprechen und Hören stellen eine Einheit dar. Die zugehörte Frage, die gesprochene Antwort, die zugehörte Antwort, die sich daraus ergebende gesprochene Bemerkung, die zugehörte Bemerkung – das eine geht nur mit dem anderen. Bei jeder Sprechhandlung hören Sie selbst zu. Die empathische Aufmerksamkeit liegt sowohl beim Sprechen als auch beim Zuhören bei Ihnen selbst.

Im Gehirn wird zuerst der inhaltliche Sinn des Zugehörten entschlüsselt. Dabei wird das zugehörte Wort verstanden, durch das Gedächtnis erkannt und eingeordnet. Erst dann wird der Ton, werden Rhythmus, Klang, Melodie, Lautstärke interpretiert. Dies geschieht wiederum auf den Grundlagen Ihres Gedächtnisses, Ihres Wissens und Ihrer Erfahrung.

> **Im Gerechten Sprechen wird dem gehörten Wort zugehört.** Die Interpretationen, die spontan und schnell geschehen, werden als Quelle für das Verstehen, die Irritation, das Einordnen und das Nachfragen genutzt. Wenn so zugehört wird, wird Zuhören wieder zu dem, was es ist: Eine hoch differenzierte Möglichkeit, in der Personen sich selbst verstehen, in der Personen sich mitteilen und gegenseitig verstehen. Die Wahrnehmung über das Ohr wird wesentlich gefördert und geschärft. Zur Überprüfung kann das Zugehörte nachgefragt werden. So gilt mehr und mehr das gesprochene Wort.

In einer so gestalteten, hochkomplexen Wechselwirkung entstehen Gespräche, Dialoge, sprechende Begegnungen, die ein gegenseitiges Verstehen und Verstandenwerden und damit ein ausgewogenes Machtverhältnis ermöglichen.

Die durch Gerechtes Sprechen frei gewordenen Ressourcen und Kapazitäten können Sie um einiges lustvoller und ertragreicher für gewollte Lebenszusammenhänge nutzen.

> So widmet sich ein Lehrer nun endlich wieder dem Saxofonspielen, anstatt sich damit quälend auseinanderzusetzen, was die Eltern wohl morgen wieder von ihm wollen könnten, wenn er den Schülerinnen eine bestimmte Aufgabe geben würde. Denn jetzt gibt er den Schülerinnen diese Aufgabe wohl durchdacht, und wenn Eltern ein Gespräch mit ihm wollen, vereinbart er einen Termin (wenn er zuständig ist) und findet eine Klärung auf die Fragen, die tatsächlich gestellt werden. Und so findet er Zeit für seine Erholung im Saxofonspielen.

Gerechtes Sprechen ist unterteilt in mehrere Bereiche des Sprechens und Zuhörens, die der Erschaffung der Wirklichkeiten in den verschiedensten Zusammenhängen gerecht werden wollen und in denen es sich wahrlich lohnt, das zu sagen, was gemeint ist und dem zuzuhören, was gehört wird. Die vielfältigen Entscheidungen und die verschiedenen Rhythmen werden in ihrem Wollensystem erarbeitet. So werden die Gefühle und die Situationen wieder in ihren Anwesenheiten zur Kenntnis genommen und gesprochen. Und alles, was die Welt in ihrer Verschiedenheit zeigt, wird benannt.

PHILOSOPHISCH-ETHISCHE GRUNDANNAHMEN DES GERECHTEN SPRECHENS

Gerne zeige ich Ihnen im Folgenden die relevanten philosophisch-ethischen Grundannahmen des Gerechten Sprechens auf, die den Hintergrund für die Ideen in diesem Buch bilden. So gebe ich Ihnen mein Menschenbild bekannt, setze mich mit dem Bösen und dem Guten auseinander, komme zur inneren Haltung und zu der dazugehörigen Empathie, um dann unsere Bewertungssysteme zu durchleuchten. Meine Gedanken zur Gerechtigkeit runden die Grundannahmen ab.

Gerade in den strukturierten Zusammenarbeitsprozessen ist es notwendig, die jeweilige Haltung so einzurichten, dass sie sowohl der eigenen Person, der Institution als auch dem Arbeitsauftrag gerecht wird. Hier wird eine auf philosophisch-ethischen Grundannahmen aufgebaute Haltung aufgezeigt, die diesen Dimensionen von Zusammenarbeit gerecht wird.

Vom Menschen zur Person

Wir alle haben ein Bild von dem, was den Menschen ausmacht. Dieses zu kennen und auch bekanntgeben zu können, erleichtert jegliche Zusammenarbeit. So gehe ich davon aus, dass Menschen als Individuen nach Veränderung streben und die Fähigkeit haben, schöpferisch und visionär tätig zu werden. Menschen erschaffen sich im Laufe ihres Gewordenseins zu Personen. Personen verfügen über Definitionsmacht und soziale Handlungsfähigkeit. Sie haben ein Bewusstsein und ein Unterbewusstsein. Das Untergewusste stellt die Schnittstelle zwischen Bewusstsein und Unterbewusstsein dar. Personen erschließen sich das Untergewusste im Laufe ihres Lebens mithilfe des Gerechten Sprechens mehr und mehr und gestalten diesen Prozess bewusst.

Gerechtes Sprechen hilft, dass Personen sich ihre Entscheidungsfindung bewusst machen und prüfen, welche der getroffenen Entscheidungen wem gegenüber in welchem Rhythmus gesprochen und welche verschwiegen werden. Gerechtes Sprechen führt zudem zu Folgendem:

- Personen sind sich selbst gegenüber die erlaubnisgebende Instanz.
- Personen kennen ihre Ressourcen. Sie nutzen und optimieren sie.
- Personen haben einen gekonnten Umgang mit ihren Erfolgen und Niederlagen.
- Frauen verlassen die noch immer von ihnen geforderte Zurückhaltung und treten in das Personsein ein.
- Männer verlassen ihre Vormachtstellung und treten ebenfalls ein in das Personsein.

Das Böse und das Gute

Gerechtes Sprechen setzt der Banalität des Bösen die sprechende Positionierung des eigenen Seins in Bezug zu sich selbst, zu anderen Personen und im Zusammenhang mit den umgebenden Verhältnissen gegenüber.

Die Fähigkeiten des Sprechens und des Hörens ermöglichen es den Menschen als Personen, die Welt so zu beschreiben und erschaffen, dass sich sowohl die Menschheit als auch die Welt dauerhaft am Guten orientieren.

Innere Haltung

Die innere Haltung beim Gerechten Sprechen ist geprägt von der Liebe zu sich selbst und zu den anderen Menschen, von dem Wunsch nach Erkenntnis und Entwicklung, von dem Streben nach dem Erzählen der eigenen Geschichte als leuchtende Geschichte.

Die innere Haltung sich selbst gegenüber ist großzügig und wertschätzend, anderen gegenüber wertschätzend und aufmerksam. Selbstbewusst zu sein ist Bestandteil der inneren Haltung. Personen sind Zentrum ihres eigenen Lebens. Sie ist die Basis für gelungene Kommunikation und wird durch eine gelungene Kommunikation ausgebaut.

Empathie

Empathie bedeutet vom Wortsinn her »sich einfühlen« und »mitfühlen«. Personen sind mit sich selbst empathisch. Empathisch sein mit anderen Personen wird im Gerechten Sprechen als Übergriff bewertet.

Diese Empathie mit sich selbst, die bedeutet, sich zu kennen, sich zuzuhören und so in der Welt zu denken, zu handeln und zu leben, eröffnet Personen die Möglichkeit, das Zugehörte von den eigenen Interpretationen, Bildern, dem eigenen Gewordensein zu unterscheiden.

Bewerten und Bewertungszusammenhänge

Damit aus den alltäglichen Erlebnissen Erfahrungen erwachsen, werden sie in einen Bewertungszusammenhang gestellt. Menschen bewerten immer. Eigene Erlebnisse als Chance und Möglichkeit zu bewerten, öffnet das Leben und macht selbstbewusste Lebensgestaltung denkbar. Personen machen sich diesen Prozess sprechend bewusst und damit wiederholbar.

Wahrnehmung ist die Hinwendung mit Aufmerksamkeit auf eine Auswahl des Geschehens in der inneren und der äußeren Welt. Menschen verfügen über die Wahrnehmungskanäle auditiv, visuell, kinästhetisch, olfaktorisch. Personen nutzen sie, indem sie hören, sehen, fühlen, riechen und schmecken. Personen gestalten Wahrnehmung möglichst bewusst und erweitern sie sprachlich.

Durch Reflexion des eigenen Lebens entwerfen Personen einen Bewertungszusammenhang, der sie selbst und andere unterstützt. Ein solcher Bewertungszusammenhang lässt die eigenen Ressourcen erkennen und ausbauen.

Gerechtigkeit und gerechte Verhältnisse

Gerechtigkeit bedeutet, dass alle Menschen als Personen die gleichen Rechte und Pflichten haben. Dabei werden fünf Verhältnisbereiche unterschieden:

- gerechtes Verhältnis der Person zu sich selbst
- gerechtes Verhältnis der Person zu anderen Personen
- gerechtes Verhältnis der Person zur Gesellschaft und zum Staat

- gerechtes Verhältnis der Person zu Vereinbarungen, Abmachungen und Gesetzen
- gerechtes Verhältnis der Gesellschaften und Staaten zueinander

Gerechte Verhältnisse sichern das persönliche Glück und die gesellschaftliche Zufriedenheit. Wenn Menschen eine gerechte Gesellschaft wollen, ist es notwendig, dass sie sich als Personen gerecht begegnen.

Zusammenfassend lässt sich sagen, da Sprache Wirklichkeiten benennt und Wirklichkeiten erschafft, stellt sie eine Möglichkeit dar, gerechte Verhältnisse zu gestalten. Durch sie benennen Sie das Seiende gleichberechtigt und entwickeln es gleichwertig. Sprechen und Zuhören stellen in der Zusammenarbeit die zentralen Verbindungsmöglichkeiten dar. In ihrer Wechselwirkung tragen Sprechen und Zuhören dazu bei, die Gerechtigkeit weiter zu sichern und auszubauen. Darauf aufbauend können Sie Ihre eigene Sprache so einsetzen, dass das individuelle Glück vermehrt und die gemeinsame Zufriedenheit größer wird. Vor diesem Hintergrund gilt das gesprochene und zugehörte Wort, sagen Sie, was Sie meinen, und meinen, was Sie sagen.

Es lohnt sich, sich mit den eigenen philosophisch-ethischen Grundannahmen auseinanderzusetzen. Vielleicht stimmen Sie mir zu oder widersprechen auch bei einzelnen Aspekten meinen Darlegungen. Auf jeden Fall gilt es, sich und der eigenen Klientel bekanntzugeben, auf welchen Gedanken aufbauend die eigene Arbeit umgesetzt wird. Ich wünsche Ihnen dabei viel Vergnügen.

Das Kommunikationsmodell Gerechtes Sprechen

SPRACHE UND SPRECHEN

Im Folgenden werden wir uns auf die Aspekte des Gerechten Sprechens konzentrieren, die für eine gelungene Kommunikation in der täglichen Zusammenarbeit von Bedeutung sind.

Menschen sind unterschiedlich und reflektieren als Personen das eigene Anderssein und das der anderen. Im Gerechten Sprechen trägt eine differenzierte Sprache dem jeweils Eigenen Rechnung und lässt das Eigene der anderen benennend zu.

Worte und Begriffe haben bestimmte und zugeteilte Bedeutungen. Da Sprache Wirklichkeiten benennt und erschafft, ist das stimmige Nutzen von Worten und Begriffen von großer Bedeutung. Erst das passende Wort benennt die wahrgenommene und erschafft die gewollte Wirklichkeit.

Gerechtes Sprechen ist unterteilt in drei Bereiche, denen verschiedene Schwerpunkte zugeordnet sind. Die Bereiche sind:

- Entscheidungssprache,
- Anwesende Sprache und
- Benennende Sprache.

Die dazugeordneten Schwerpunkte lauten (s. auch die Systematik auf der gegenüberliegenden Seite):

- *Entscheidungssprache:* Entscheidungsgerechtes und Rhythmusgerechtes Sprechen,
- *Anwesende Sprache:* Gefühlsgerechtes und Situationsgerechtes Sprechen,
- *Benennende Sprache:* Kulturgerechtes, Geschlechtergerechtes, Lebensformgerechtes und Begriffsgerechtes Sprechen.

Im Zusammenhang mit der beruflichen Zusammenarbeit arbeiten wir mit dem Entscheidungsgerechten Sprechen und dem Situationsgerechten Sprechen.

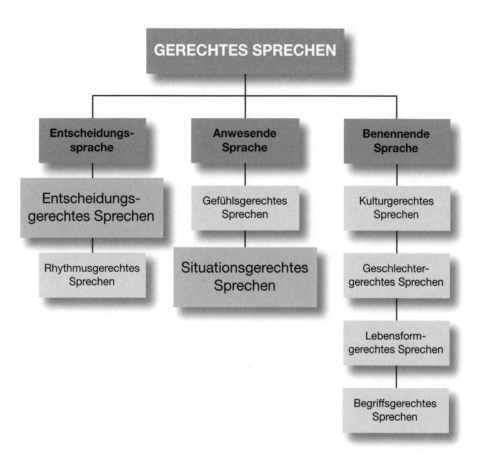

ENTSCHEIDUNGSGERECHTES SPRECHEN

Gerechtes Sprechen ist ein Kommunikationsmodell, das von Personen dazu genutzt werden kann, aus den eigenen Ressourcen zu schöpfen und diese zu erweitern. Ein wesentlicher Bereich ist das Entscheidungsgerechte Sprechen, durch das die alltägliche Entscheidungsfindung erleichtert und gefördert wird. Wenn Sie im Wollensystem sprechen, heben Sie damit die Verantwortung der eigenen Lebensgestaltung hervor und erleichtern sich deren Umsetzung.

Vom Müssen zum Wollen

Schon fast inflationär werden die Begriffe »müssen« und »sollen« in der Lehre, in Beratungs- und Weiterbildungskontexten und auch in der Zusammenarbeit gebraucht. Aus den Neurowissenschaften wissen wir, dass wir mit diesen beiden Begriffen unsere Fähigkeit des Denkens und die der Zuhörenden drastisch reduzieren. Im Gehirn bleiben allein die Fähigkeiten der Anpassung und des Widerstandes aktiv.

Auch Sie nutzen »müssen« einige hundertmal am Tag, entweder für sich selbst: »Ich muss diese Arbeit heute noch erledigen« oder für andere: »Du musst mir zuhören.« Durch das Müssen wird die Zentrierung auf eine Möglichkeit ausgelöst, und es wird suggeriert, dass es nur diese eine Möglichkeit gibt und allein diese eine Handlung, dieser eine Gedanke zur Verfügung steht. Im menschlichen Gehirn werden mit dem Wort »müssen« die Anpassungsverbindungen aktiviert. Es gibt jedoch in allen Gedanken und Handlungen eine Wahl. Im Entscheidungsgerechten Sprechen werden die zur Verfügung stehenden Wahlmöglichkeiten sprachlich vergegenwärtigt – und damit erschaffen Sie eine Realität, mit der Sie weitere Wahlmöglichkeiten entwerfen.

Im Gerechten Sprechen ist es zentral, im Wollensystem zu sprechen. Im Wollensystem ist der Bereich des Gehirns aktiv, in dem kreativ gedacht wird, vernetztes Denken beheimatet ist und Vernunft und Gefühl zusammenkommen. Personen, die im Wollensystem, das durch den Begriff »wollen« jederzeit aktiviert werden kann, ihren Alltag gestalten, erkennen ihre Chancen und setzen sie um. Hier wissen sie um ihre Ressourcen und Möglichkeiten, nutzen diese und ergänzen sie wenn nötig mit denen von anderen Personen. Sie können zwischen Ja und Nein unterscheiden, Entscheidungen treffen und diese mitteilen. Situationen nehmen sie im Wollensystem in ihren Einzelheiten wahr, und sie können sie für sich und die umgebenden Verhältnisse verwenden.

Der einfachste Weg hin zum Wollensystem besteht darin, das Wort »müssen« aus dem Sprachgebrauch zu streichen. Am besten ersetzen Sie es in der Anfangszeit durch »wollen«, »mögen« oder »wünschen«.

> Der Begriff »**wünschen**« bedeutet, dass die wünschende Person sich mit dem Erwünschten auseinandergesetzt, das eigene Begehren und die Sehnsucht geprüft und sich für diesen Wunsch entschieden hat. Ob einem Wunsch entsprochen wird, hängt auch von der »angewünschten« Person ab.
>
> Der Begriff »**mögen**« bedeutet, dass das Gewünschte deutlicher gewollt wird. Mögen ist eine klarere Absichtserklärung als das Wünschen.
>
> Der Begriff »**wollen**« enthält eine Zielformulierung. Etwas, eine Situation, ein Gegenstand, ein Zusammenhang wird so gewollt und eben nicht anders.

Solche versprachlichten, in Sprache gefassten Zusammenhänge bieten die Basis für Lösungen und Kompromisse. Denn wenn alle beteiligten Personen sagen und voneinander wissen, was sie wollen, kann herausgefunden werden, was jetzt für diese Gruppe von Personen in dieser Situation das Beste ist.

Durch den Begriff »wünschen« werden im Menschen die Gefühle Sehnsucht und Begierde aktiviert. Durch »mögen« bekommen diese eine deutlichere Richtung. Durch den Begriff »wollen« werden im menschlichen Gehirn Entscheidungsverbindungen aktiviert. Jedes Wollen enthält die Möglichkeit der Ablehnung des Wollens und fordert damit mindestens die Entscheidung zwischen Ja und Nein.

Da Lehrerinnen, Coaches, Trainerinnen und Berater zusammenarbeiten und voneinander profitieren wollen, sich wünschen, dass sie in einem gegenseitigen Austausch voneinander lernen und sich gerne in Pausengesprächen erholen, denken und leben sie in einem Wollensystem, in dem sie ihre Kommunikation so gestalten, dass dieses Wollen Wirklichkeit wird. In der Zusammenarbeit wird so das jeweilige Können und Wollen ins Zentrum ihres Interesses gerückt.

Stellen Sie sich vor, Sie gehen ab morgen mit der festen Absicht zur Arbeit, dass Sie Ihre Kollegen als sympathisch bewerten **wollen**, dass Sie Ihre Kolleginnen in ihren Ressourcen und ihrem Können wahrnehmen **wollen** und sich selbst als kompetente Berufsperson zeigen **wollen**. – So geschehen in einem Kollegium eines Gymnasiums. Die Veränderung war schon nach wenigen Tagen zum Greifen nahe: Die Zusammenarbeit funktionierte leichter, die Einzelnen kamen spielerischer ins Gespräch und nach einigen Wochen arbeiteten selbst vorher verfeindete Kollegen effektiv miteinander.

Gönnen Sie sich diese gewollte Perspektive auf Ihre Zusammenarbeit mit Kolleginnen und Kollegen. Probieren Sie es aus. Damit finden Sie heraus, was Sie selbst und was die jeweils anderen zu einer gelungenen, auch berufsübergreifenden Kommunikation beitragen können.

SITUATIONSGERECHTES SPRECHEN

Abwesenheiten prägen die alltägliche Sprache. Überprüfen Sie es: In der Regel sprechen Sie von dem, was Sie nicht wollen – also abwesend ist; was Sie sich nicht vorstellen können – also verweigert wird; was Sie nicht haben – also vermisst wird.

Hier eine kleine Auswahl:

»Das war nicht nett.«
»Das hat mir gar nicht gefallen.«
»Ich bin nicht da.«
»Ich habe keine Zeit.«
»Ich kann nicht loslassen.«
»Ich habe keine Chance.«

In so gesprochenen Zusammenhängen betonen Sie die Momente, die Sie ablehnen oder die Sie verwerfen wollen, die also gerade abwesend sind. Demnach liegt Ihre Aufmerksamkeit bei den Schwächen, denn das, was gerade abwesend ist, liegt außerhalb Ihrer Nutzungsmöglichkeit und betont die vorhandenen Defizite. Daraus schlussfolgernd wird deutlich, dass Sie damit Ihre Ressourcen zudecken, diese dadurch verborgen bleiben.

Im Situationsgerechten Sprechen wird das gesprochen, was anwesend ist. Einige Beispiele zur Verdeutlichung:

»Ich mag lieber deutliche und freundliche Kritik.«
»Ich mache mir dann meinen ruhigen Abend.«
»Ich kann gut festhalten.«
»Ich suche noch nach weiteren Möglichkeiten und hoffe, dass ich auch das Passende finden werde.«

Erst wenn Sie wissen, was anwesend ist, können Sie eine Situation annehmen, gestalten oder verändern.

Demnach bedeutet **Situationsgerechtes Sprechen**: Die Momente, Situationen, Zusammenhänge so zu sprechen, wie Sie sie in ihren Anwesenheiten wahrnehmen. Erst von dort aus eröffnen Sie sich Lösungswege.

Manchmal ist es notwendig, Strategien zu entwickeln, dann wieder gibt ein anderes Gefühlsensemble die passende Unterstützung, oder Sie brauchen ganz einfach den Willen, das zu sagen, was Sie meinen und das zu meinen, was Sie sagen. Ein Gefühlsensemble ist aus mehreren Gefühlen zusammengesetzt. Personen nutzen ihre jeweiligen Gefühlsensembles eigenverantwortlich für sich selbst, für die Gestaltung jeder Begegnung und für die optimale Nutzung von Situationen.

In einem Team werden neue Kolleginnen erwartet. Nun gibt es mehrere Möglichkeiten, wie diese neuen Kolleginnen im Gefühlsensemble willkommen geheißen werden. Manche gehen argwöhnisch, abwartend und prüfend an die Situation heran, andere neugierig, hoffend und offen. Nun haben wir gemeinsam abgemacht, dass sich alle auf ein willkommendes Gefühlsensemble einstellen und die Neuen damit im Team begrüßt werden. Es war eine spannende Erfahrung zu sehen, wie leicht ein neues Team zusammenwachsen und gemeinsame Leistung erbringen kann.

Auseinandersprechen

Hochkomplexe Zusammenhänge werden gerne in einem einzigen Satz ausgedrückt. So entstehen Missverständnisse, Fehler und Meinungsverschiedenheiten. Es werden Auswege gesucht, die das Problem vertiefen, anstatt es zu lösen. Das Auseinandersprechen zerlegt eine Situation, ein Problem, eine Fragestellung sprachlich in die vorhandenen Einzelheiten. Damit wird eine abweisende Mauer zu einzelnen Steinen, aus denen etwas Neues gebaut werden kann.

Gerade in den kritischen Situationen der Zusammenarbeit, wenn wir uns gerne den eigenen Interpretationen hingeben und auch nur ihnen Glauben schenken wollen, ist es notwendig, die Zusammenhänge auseinanderzusprechen. Auch hier gilt, wie im gesamten Gerechten Sprechen, die Ressourcen- und Lösungsorientierung. Das bedeutet, dass Sie eine Situation an den vorhandenen Ressourcen entlang auseinandersprechen, um so die in jeder Situation verborgenen Lösungen herauszufiltern.

Wie dies genau umgesetzt wird, können Sie in den einzelnen Kapiteln an verschiedenen Beispielen und in unterschiedlichen Spielformen entdecken.

Gerechtes Hören

HÖREN UND ZUHÖREN

Zuhören wird im Gerechten Sprechen als Tätigkeit und – professionell angewandt – als Arbeit verstanden. Denn Sie üben neben dem Hören und Zuhören noch weitere Handlungen aus: Dem Willensentscheid zuzuhören und das Aufrechterhalten dieses Wollens; die Kontrolle, ob noch zugehört wird; das Beachten der Erkenntnisse; das Überprüfen der Erkenntnisse; den Ausgleich der Rhythmuskollision zwischen Sprech- und Zuhörrhythmus schaffen; die Kenntnisnahme der eigenen Gefühlsreaktionen und die Verbindung dessen mit dem Zugehörten; die Beobachtung der gesamten Situation und Vergleiche mit dem Zugehörten; das Erarbeiten des eigenen Sprechaktes.

Auch Gerechtes Hören ist in drei Bereiche unterteilt:

- Empathisches Zuhören,
- Sich-selbst-Zuhören sowie
- Inneres Zuhören.

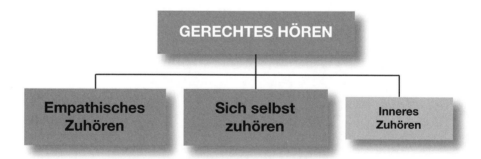

Im Zusammenhang mit unserem Thema der gelungenen Kommunikation stelle ich Ihnen die beiden Bereiche Empathisches Zuhören und das Sich-selbst-Zuhören kurz vor. Das Zuhören wird im Gerechten Sprechen als ein aktiver Prozess betrachtet. Als beruflich engagierte Person wissen Sie, wie Sie zuhören. Sie kennen Ihren Zuhörprozess und können nun Ihre zuhörenden Fähigkeiten erweitern.

EMPATHISCHES ZUHÖREN

Das Gesprochene und das Zugehörte sind in vielen Fällen verschieden. Zwischen der gesprochenen Aussage und der zugehörten Aussage liegen bisweilen ganze Welten des Verstehens, da verschiedene Gewordenseinprozesse der Personen aufeinanderstoßen. In Auseinandersetzung mit sich selbst, mit anderen Personen und den Sie umgebenden Verhältnissen erschaffen Sie sich selbst als Person und wachsen darin weiter. Dieser Prozess wird im Gerechten Sprechen »Gewordensein« genannt. Menschen streben als Individuen nach Veränderung und haben die Fähigkeit, schöpferisch und visionär tätig zu werden. So erschaffen sie sich im Laufe ihres Gewordenseins zu Personen. Personen verfügen über Definitionsmacht und soziale Handlungsfähigkeit. Sie sind sich selbst gegenüber die Erlaubnis gebende Instanz, kennen ihre Ressourcen, nutzen und optimieren sie. Als Personen haben sie einen gekonnten Umgang mit ihren Erfolgen und Niederlagen. Damit sie einander verstehen und sich im Gespräch verständigen können, brauchen sie das Bewusstsein dieser Tatsache und mindestens den Willen zuzuhören.

> **Empathisches Zuhören** bedeutet, dass die zuhörende Person sich in sich selbst einfühlt, um dort dem Gehörten zuhörend zu folgen. Anstatt also die Aufmerksamkeit auf die sprechende Person zu richten, richtet im Gerechten Sprechen die zuhörende Person die mitfühlende Aufmerksamkeit beim Zuhören auf sich selbst.

Diese Empathie mit sich selbst eröffnet zuhörenden Personen eine gesteigerte Wahrnehmungsfähigkeit, da sie nun all das registrieren können, was sie hören, und sie können die Auswahl, was sie aus dem Gehörten zuhörend verstehen wollen, bewusster nutzen. Im Gerechten Sprechen konzentrieren wir uns also auch auf Hören und Zuhören.

Die gesteigerte Wahrnehmungsfähigkeit durch diese Empathie mit sich selbst kann ebenso beim Sehen oder Wahrnehmen beobachtet werden.

Das Sprichwort: »Die Schönheit liegt im Auge des Betrachters« verdeutlicht dies. Liegt die empathische Aufmerksamkeit beim Sehen auf dem zu sehenden Zusammenhang, wird in der Regel ein Ausschnitt fokussiert. Liegt die empathische Aufmerksamkeit bei sich selbst, werden die eigenen Reaktionen und Dimensionen, die im Verhältnis des zu sehenden Zusammenhanges entstehen, ebenfalls wahrgenommen. Dadurch erweitert sich der Wahrnehmungshorizont, und die Gesamtheit des zu Sehenden kann erfasst werden.

Bei der Betrachtung eines Bildes von Picasso entsteht die Tiefendimension der Schönheit dieses Bildes aus der Haltung der empathischen Aufmerksamkeit mit sich selbst. Vor diesem Hintergrund wird das gleiche Bild von unterschiedlichen Personen äußerst unterschiedlich wahrgenommen.

Oder denken Sie daran, wie Sie sich morgens Zeitung lesend in der Bahn oder im Bus auf dem Weg zur Arbeit befinden. Sie lesen die Zeitung, sind auf Ihren Weg und kommen ganz und gesund am Zielort an. Neben dem Erfassen der neuen Nachrichten nehmen Sie Ihre Umgebung wahr, da Ihre Aufmerksamkeit bei Ihnen selbst liegt.

Oder denken Sie an Ihre beruflichen Situationen, in denen Sie mit Gruppen arbeiten und eine Person Ihre Aufmerksamkeit in Anspruch nimmt. Wenn Sie Ihre sehende Aufmerksamkeit ganz auf diese Person fokussieren, schließen Sie die anderen Teilnehmenden aus. Wenn Sie Ihre empathische Aufmerksamkeit bei sich selbst lassen, nehmen Sie auch die weiteren Teilnehmenden wahr, registrieren deren Reaktionen und Aktionen und können diese einbeziehen, zurückweisen oder aufnehmen.

Da das Ohr immer offen ist, es ständig Geräusche aufnimmt und Sie demnach dauernd hören, ist diese empathische Aufmerksamkeit bei Ihnen selbst beim Zuhören besonders wichtig. Zuhören stellt die permanente Arbeit dar, in der Sie das aus dem Gehörten auswählen, was Sie weiterverarbeiten wollen.
Im Gerechten Sprechen wird diese empathische Aufmerksamkeit dafür genutzt, das gehörte Wort zu hören. Zugehört wird demnach das gehörte Wort, die gehörten Sätze und die identifizierten Satzkonstruktionen. Es gilt beim Zuhören wie beim Sprechen das gesprochene und zugehörte Wort. Alle weiteren Annahmen, Irritationen, Ahnungen oder Erklärungsversuche sind Interpretationen des zugehörten Wortes, die sich aus dem eigenen Gewordensein der zuhörenden Person speisen. Diese haben nur sehr selten mit dem zu tun, was die sprechende Person wirklich ausgedrückt hat.

Die zusätzlichen Beobachtungen der Gestik und Mimik, die beim Sprechen zur Unterstreichung der Botschaft genutzt werden, sind dem gesprochenen Wort untergeordnet, denn der bewussteste Akt der Mitteilung ist der Sprechakt. Treten jedoch bei der zuhörenden Person aufgrund der Wahrnehmung von Gestik und Mimik Irritationen auf, gilt es, das zugehörte Wort nachzufragen, anstatt sich den eigenen Interpretationen hinzugeben.

Der Zuhörprozess

Anhand des Zuhörprozesses wird aufgezeigt, wie aus Hören Zuhören und – noch besser – Empathisches Zuhören im Sinne des Gerechten Sprechens werden kann: Der Zuhörprozess ist ein in sich dynamischer Prozess, der hier zum besseren Verständnis in einzelne Bereiche nachgezeichnet ist, die aufeinander folgen.

Die Grundhaltung:
- Ihre innere Haltung ist geprägt vom Zuhörenwollen.
- Sie sind sich der Zuhörsituation bewusst und bestimmen daraus ableitend die Art und Weise des Zuhörens.
- Sie entwickeln eine auf Ressourcen, Können und Lösungen ausgerichtete Zuhörabsicht.
- Die gezielte Konzentration richten Sie auf das Wort, die Sätze und den Inhalt, in der Sie das Wissen um die gemeinsamen Wortsinnbedeutungen aktivieren.
- Die empathische Aufmerksamkeit liegt bei Ihnen selbst, ist ausgerichtet auf das gehörte Wort und Ihre eigenen inneren Prozesse.

Das Hören:
- Im Ohr kommen alle Geräusche gleichzeitig an.
- Das Gehörte trennen Sie automatisiert in Geräusche, Signale, Rauschen, Wörter.

Das Zuhören:
- Ihre Aufmerksamkeit gilt den gehörten Wörtern, Sätzen und Inhalten, denen Sie zuhören.
- Das Zugehörte bringen Sie in Verbindung mit dem Kontext, in dem das Zuhören stattfindet.

- Sie unterscheiden zwischen dem Zugehörten und den Interpretationen, die auch aufgrund von weiteren Wahrnehmungen geleistet werden.
- Sie strukturieren das Zugehörte in zu Verstehendes, Abzulehnendes, Bekanntes, Neues.
- Das Gewollte ordnen Sie in das eigene Gewordensein ein, interpretieren und bewerten es.

Die sprechende Aktion:
- Antworten, Fragen, Bemerkungen oder weitere Erzählungen dienen Ihnen als Anregung für einen eigenen Beitrag im weiteren Zuhörprozess.

Dieser Zuhörprozess ist ein in sich dynamischer Prozess, in dem verschiedene Abschnitte gleichzeitig und parallel nebeneinander verlaufen. Zudem können Sie einzelne dieser Abschnitte bewusst gestalten, und damit verändern Sie die Bereiche, die automatisiert im Untergewussten ablaufen.

In der Regel nutzen Sie diesen Zuhörprozess in seinen Möglichkeiten in den Situationen, wenn einzelne Kollegen etwas mit Ihnen in der Pause besprechen möchten. Der Raum, in dem Sie sich befinden, ist erfüllt von den verschiedensten Geräuschen und Sie wollen zuhörend verstehen, was Ihnen Ihr Gegenüber mitteilen möchte. Sie sind also in der Zuhörhaltung, in der Sie um die Situation wissen, und Ihre empathische Aufmerksamkeit liegt bei Ihnen selbst, um bestmöglich zu verstehen. Aus den lauten Geräuschen filtern Sie die leiseren gehörten Worte heraus, Sie bringen diese in Verbindung mit dem Kontext, Sie versuchen das Gehörte zu verstehen, verknüpfen dies mit Ihrem Hintergrund und sprechen.

Im Gerechten Sprechen ist es wesentlich, diesen Zuhörprozess bewusst zu aktivieren und zu lernen, ihn zu nutzen. Er dient neben dem besseren Verstehen des Zugehörten auch der klareren Mitteilung des Gemeinten und führt so zu einer gelungenen Kommunikation.

SICH SELBST ZUHÖREN

Die sprechende Person hört sich im Gerechten Sprechen selbst zu. Anstatt beim Sprechakt die Aufmerksamkeit nach außen auf die zuhörende Person zu richten, bleibt die Aufmerksamkeit bei sich selbst. Sie werden sehen: Sprechend und zuhörend entdecken und verstehen Sie sich mehr und mehr, schöpfen dabei aus dem Untergewussten und können erkennen, wie reichhaltig Ihr Wissen und Können ist.

> Eine Lehrerin machte folgende Erfahrung mit dem Sich-selbst-Zuhören beim Unterrichten: »Seitdem ich mir im Unterricht selbst zuhöre, können mir meine Schülerinnen besser folgen, und ich bewältige mit ihnen den vielen Lernstoff in der oft zu knappen Zeit, die uns dafür zur Verfügung gestellt wird.«

> Ein Coach hat für sich einen weiteren Zugang zu seiner Arbeit gefunden: »Ich höre mir selbst zu und bin so auch in den stressigen, komplexen und anspruchsvollen Klientensituationen hochkonzentriert und bei der Sache. Vorher habe ich mich gerne durch Außeneinflüsse ablenken lassen. Das ist jetzt vorbei.«

> Eine Schulleiterin bekennt, dass sie – nachdem sie das Sich-selbst-Zuhören verinnerlicht hatte – die Gespräche zwischen Tür und Angel gestrichen hat, da sie in diesen Situationen bemerkte, wie fahrig sie kommunizierte und zu Vereinfachungen neigte. Was dann in der Regel zu negativen Konsequenzen führte.

Hier eröffnet sich eine andere Art des Zuhörens. Anstatt sich beim Zuhören und Sprechen auf die andere Person zu konzentrieren und die Aufmerksamkeit nach außen zu verlagern, liegen Ihre Konzentration und Ihre Aufmerksamkeit – sowohl als sprechende wie auch als zuhörende Person – bei Ihnen selbst und bei dem, was bei Ihnen ankommt, was Sie hören. Es wird dem Gehörten zugehört, um das gesprochene Wort zu verstehen. Sie hören beim Sprechen sich selbst zu und beim Zuhören in sich zu, um zu verstehen.

So liegt Ihre empathische Aufmerksamkeit beim Sprechen bei Ihnen selbst, denn aufbauend auf den eigenen Zuhörprozess hören Sie den gehörten Wörtern, Begriffen und Satzkonstruktionen zu. Sich-selbst-Zuhören ist ein aktiver Prozess, den Sie lernen und weiterentwickeln können. Der Sprechrhythmus verlangsamt sich. Es besteht die Möglichkeit, sich beim Sprechen zu korrigieren.

Die Wahrnehmungsfähigkeit wird aufgrund dieser Sprech- und Zuhörhaltung in allen kommunikativen Situationen und Prozessen geschärft. Die darin arrangierte Begegnung bleibt in der passenden Nähe und Distanz.

Gerechtes Sprechen und gelungene Kommunikation

Zusammenfassend lässt sich sagen, dass Gerechtes Sprechen sowohl eine Grundhaltung als auch konkrete Vorgehensweisen anbietet, auf denen Sie sich eine gelungene Kommunikation aufbauen, diese gezielt einsetzen und nutzen können. Ausgehend von den Grundannahmen, dass Sprache Wirklichkeiten benennt und erschafft, dass gesagt wird, was gemeint ist, und das gesprochene Wort gilt, eröffnen Sie eine klare Orientierung an den vorhandenen Ressourcen und den möglichen Lösungen. Vor diesem Hintergrund gestalten Sie kollegiale Gespräche, pädagogischen Austausch, Konferenz- und Meetinggespräche und die kleinen bis größeren Streitereien in dem dazu passenden Verhältnis von Nähe und Distanz. Klare Formulierungen wechseln sich ab mit Verstehen und Nachfragen, um das Ziel der noch besseren Zusammenarbeit gemeinsam zu erreichen.

Zusammenfassender Ausblick

FAQ – HÄUFIG GESTELLTE FRAGEN

Anhand der häufigsten Fragen (FAQ) schauen wir nun von der Gegenwart in die Zukunft und stellen uns vor, dass Sie ab jetzt entlang Ihrer eigenen und den gemeinsamen Ressourcen Ihre Zusammenarbeit mit anderen ausrichten, mit Humor Ihre Pausen verbringen, sich Rückmeldungen von Ihren Kolleginnen wünschen und diese sehr gerne auch geben, Konflikte lustvoll austragen und genussvoll scheitern.

Kann das überhaupt funktionieren?
Oh ja, es kann! Dabei ist nur wichtig, die Erkenntnisse der Neurowissenschaften vor Augen zu haben: Das menschliche Gehirn braucht, wenn die gewollten Verbindungen täglich regelmäßig bedient werden, drei bis vier Wochen, um neue neuronale Verbindungen aufzubauen. Wenn Sie also einen defizitorientierten Blickwinkel in einen ressourcenorientierten Blickwinkel umändern wollen, dann denken Sie mehrmals in der Stunde über vier Wochen hinweg an Ihre eigenen Ressourcen und die der anderen, anstatt sich damit denkend zu beschäftigen, was Sie oder die anderen alles falsch gemacht haben.

Unser Gehirn trainieren wir wie unsere Muskeln. Jedes Mal wenn wir gehen, trainieren wir unsere Beinmuskeln. Jedes Mal wenn wir denken, trainieren wir unser Gehirn. Ab jetzt trainieren Sie Ihr Gehirn dahingehend, dass Sie sich ein Gedächtnis erschaffen, welches die Ressourcen, das Können und die Gemeinsamkeiten sofort erkennen und darauf aufbauend die weiteren Wege gestalten will.

(Es folgt die an dieser Stelle jedes Mal gestellte Frage nach der Manipulation.)

Manipuliere ich mich damit und die anderen denn nicht ganz schrecklich?
Gemäß Gerechtes Sprechen benennen und erschaffen wir Wirklichkeit durch Sprache. Vor diesem Hintergrund manipulieren wir sowieso ständig. Doch ab jetzt geschieht diese Manipulation entlang den immer vorhandenen Möglichkeiten. So erschaffen Sie eine Realität, die sich an den Ressourcen orientiert, anstatt vielleicht wie bisher an den Defiziten. Das nenne ich eine gelungene

Manipulation. Denn das bis zur Mitte gefüllte Glas ist sowohl halb leer als auch halb voll. Für jetzt und in Zukunft ist es als halb voll zu beschreiben und löscht damit Ihren Durst.

Wie kann ich jeden Morgen humorvoll sein?
Menschen haben die wunderbare Fähigkeit des Hineinsteigerns, und so können Sie diese Fähigkeit gezielt nutzen, um sich in eine Grundstimmung hineinzuversetzen, auf der sich der Alltag leichtfüßig und genussreich gestalten und erleben lässt. Sie kennen alle, wie es ist, wenn morgens der Wecker klingelt und Sie haben wenig geschlafen. Vielleicht beginnen Sie dann, in Ihrem Kopf einen dunklen Tag zu entwerfen, der große Schwierigkeiten mit sich bringt. Sie steigern sich also hinein in Düsternis und Elend. Nun hat so ein Tag in der Regel auch seine sonnigen Seiten zu bieten. Ab jetzt also besinnen Sie sich auf diese sonnigen Seiten Ihres Alltags und steigern sich hinein in Leichtigkeit und Freude. Auf diesem Boden werden Sie sicher auch die dunklen Seiten des Tages meistern und vielleicht sogar genießen lernen.

Wenn ich meine Kollegin nun einmal fürchterlich finde, wie kann ich dann mit ihr zusammenarbeiten?
Hier schließe ich an die vorhergehende Antwort an: Personen haben die Fähigkeit, sich in Gefühle hineinzusteigen. Und jemand anderen abzulehnen ist ein Gefühlsensemble. Nun bewegen Sie sich am Arbeitsplatz in einem bezahlten Kontext, in dem auch Ihre soziale Kompetenz und Kommunikationsfähigkeit bezahlt wird. Steigern Sie sich also bitte hinein in die Grundhaltung des Gerechten Sprechens, seien und bleiben Sie freundlich, betrachten Sie Ihre Kollegin entlang ihrer Ressourcen und arbeiten Sie mit ihr zusammen. Denn wenn Sie aufhören, Ihre Kollegin an ihren Fehlern und Defiziten zu messen, und Sie sie nun in ihren Möglichkeiten wahrnehmen, erkennen Sie das Potenzial der Zusammenarbeit.

Wie kann ich freundlich bleiben, wenn mein Kollege mich angreift?
Sich angegriffen zu fühlen liegt in Ihrer Entscheidung. Selbst wenn Ihr Kollege Sie angreifen will, ist es immer noch eine Frage, ob Sie sich auch angegriffen fühlen. In einer Streitsituation in der Grundhaltung der Freundlichkeit zu bleiben bedeutet, dass Sie sich, auch bei einem realen Angriff, weiterhin freundlich fühlen. Darauf aufbauend können Sie dann Ihrem Kollegen Ihre Meinung und Ihre Sichtweise sachlich und freundlich auseinanderlegen. Bleibt der Kollege in der angreifenden Haltung, wenden Sie den Diskurs an und finden Sie den vorhandenen Konsens.

Wenn wir in der Pause anfangen so viel zu lachen, werden wir dann zu lächerlichen Personen, die ihre Arbeit nicht mehr ernst nehmen?
Ganz im Gegenteil – Sie werden wieder Kraft und Energie haben, Ihre Arbeit ernsthaft anzugehen. Sie haben Ihren Kopf durchgelüftet, eine innere Sauerstoffdusche erhalten, der gefühlte Stress ist reduziert und Sie können sich wieder hervorragend konzentrieren. Zudem sind Sie kommunikativ aufgelegt und freuen sich auf die kommenden Arbeitseinheiten.

Aber es gibt doch Zwänge, also muss ich doch – was ist mit diesen Situationen?
Ja, es gibt Zwänge, und denen haben wir in der Regel zu folgen. Beim Wollensystem geht es darum, dass wir auch in Zwangssituationen die gesamte Kapazität unserer Möglichkeiten ausschöpfen können, wenn wir im Wollensystem sprechen. Im gesprochenen Zwangssystem reduzieren wir unsere Denkleistungsfähigkeit auf ein Fünftel der eigenen Möglichkeiten. Und auch in Zwangssituationen brauchen Sie Ihre gesamten Denkfähigkeiten – und die eröffnen Sie sich, indem Sie im Wollensystem sprechen.

Gerechtes Sprechen ist klar und direkt. Kann es sein, dass es dann in der Zusammenarbeit mehr Streit gibt, wenn wir so sprechen?
Es stimmt, dass Sie mit dem Gerechten Sprechen Ihre Position deutlich zum Ausdruck bringen. Das führt zu Respekt und Achtung. Zudem bringt die eigene Positionierung die anderen dazu, sich ebenfalls zu positionieren, und das kann auch Ablehnung bedeuten. Berufliches Sprechen ist gleichzeitig strategisches Sprechen, und mit Gerechtem Sprechen strategisch zu sein bedeutet, dass Konflikte lösungsorientiert und sachbezogen geführt werden.

So werden Missverständnisse auf ein Minimum reduziert, und auch die oft als schmerzhaft bewerteten Enttäuschungen werden weniger. Diese Art der Kommunikation reduziert den Stress und sie macht sicher mehr Spaß, als wenn Sie die Zeit damit verbringen, möglichst von allen gemocht zu werden.

> Falls Sie noch mehr Fragen haben, können Sie mich gerne kontaktieren unter www.kick.dich.ch.

Anhang

GLOSSAR DER ENTWICKELTEN UND NEU GENUTZTEN BEGRIFFE

Im Folgenden werden die Begriffe erläutert, die im Rahmen des Kommunikationsmodells Gerechtes Sprechen entwickelt wurden oder eine neue Bedeutungsnutzung erfahren haben.

Abwesenheiten. Mit Abwesenheiten sind einerseits die Begriffskonstellationen gemeint, bei denen durch eine Vor- oder Nachsilbe der eigentliche Sinn des Wortes zurückgenommen oder negiert wird, wie zum Beispiel bei den Gefühlsbegriffen unglücklich, hoffnungslos oder angstfrei. Im Gerechten Sprechen wird davon ausgegangen, dass mit diesen Begriffskonstellationen die Abwesenheit des genannten Gefühls gesprochen und damit auch erschaffen wird.

Andererseits werden unter Abwesenheiten auch die Situationen verstanden, die sprachlich auf das hinweisen, was fehlt, wie zum Beispiel die Satzkonstruktion »Ich habe keine Zeit«.

Aufmerksamkeit von sich her. Mit dieser Begriffskonstruktion ist der Zustand beschrieben, in dem eine Person sich mit anderen Personen austauscht. Die Aufmerksamkeit jeder Person liegt – sowohl beim Sprechen als auch beim Zuhören – bei den eigenen inneren Geschehnissen und bei dem, was dort ankommt. Hier geschieht die Wahrnehmung der äußeren Welt.

Auseinandersprechen. Das Auseinandersprechen zerlegt eine Situation, ein Problem, eine Fragestellung sprachlich in die vorhandenen Einzelheiten. Damit wird ein riesiger Berg zu kleinen Hügeln, die leichtfüßig zu bewältigen sind, und eine abweisende Mauer zu einzelnen Steinen, aus denen etwas Neues gebaut werden kann. Das Auseinandersprechen ist anwendbar für vergangenes, gegenwärtiges und zukünftiges Leben.

Bewerten und Bewertungszusammenhänge. Damit aus den alltäglichen Erlebnissen Erfahrungen erwachsen, werden sie in einen Bewertungszusammenhang gestellt. Menschen bewerten immer. Eigene Erlebnisse als Chance und Möglichkeit zu bewerten, öffnet das Leben und macht selbstbewusste Lebensgestaltung denkbar. Personen machen sich diesen Prozess sprechend bewusst und damit wiederholbar.

Empathie. Unter Empathie wird im Gerechten Sprechen das Einfühlen und Mitfühlen mit sich selbst verstanden. Empathisches Einfühlen in sich und mit sich selbst stellt eine Voraussetzung dar, die die Aufmerksamkeit von sich her ermöglicht.

Erlaubnis gebende Instanz. Jede Person bestimmt und definiert selbst, was sie darf, macht, kann, denkt, fühlt, spricht, zuhört. Demnach ist jede Person sich selbst gegenüber die Erlaubnis gebende Instanz.

Gefühlsensemble. Aus mehreren Gefühlen zusammengesetztes Gefühl. Personen nutzen ihre eigenen Gefühlsensembles eigenverantwortlich für sich selbst, für die Gestaltung jeder Begegnung und für die optimale Nutzung von Situationen.

Gefühlsstrategie. Das Hineinsteigern in Gefühle wird im Gerechten Sprechen als Kompetenz bewertet, die es gezielt und strategisch einzusetzen gilt.

Gesprochen. Der Begriff »Sprechen« erhält im Zusammenhang des Gerechten Sprechens eine Bedeutungsvariante, die den alltäglichen Gebrauch erweitert. Die Variante umfasst die Bedeutungen von besprechen, aussprechen und ansprechen.

Gewordensein. Menschen sind in sich geschlossene Systeme. Menschen nehmen sich und ihre Umwelt allein durch das von ihnen Wahrgenommene auf und gestalten sich und ihre Welt aufgrund dieser Wahrnehmung. Von außen kann nur das in den Menschen eindringen, was die Person als eindringenswert bewertet, wahrnimmt und verarbeitet.

In Auseinandersetzung mit sich selbst, mit anderen Personen und den sie umgebenden Verhältnissen, erschaffen Menschen sich selbst als Person und wachsen darin weiter. Dieser Prozess wird im Gerechten Sprechen personales Gewordensein oder Gewordensein genannt.

Humorvolle Grundhaltung. Als Personen haben Menschen die Möglichkeit, Ihre Grundhaltung bewusst zu wählen und sich in diese hineinzusteigern. Die humorvolle Grundhaltung besteht aus drei Komponenten: Stimmungen,

Kompetenzen, Empfindungen. Aufbauend darauf wird die Wahrnehmung der Welt entlang der Ressourcen und Möglichkeiten gestaltet.

Lebensform. Unter Lebensform wird die Gestaltung verstanden, die Menschen als Personen wählen, um ihr Leben in den sie umgebenden Verhältnissen zu arrangieren.

Untergewusstsein. Das Untergewusstsein stellt die Schnittstelle zwischen dem Bewusstsein und dem Unterbewusstsein dar. Das Untergewusste besteht aus Erfahrungen, Gelerntem, Kompetenzen, Gewusstem, welches im Moment außerhalb des aktiv Gewussten liegt. Es kann jederzeit aktiviert und genutzt werden. Personen erschließen sich mehr und mehr ihr Untergewusstsein und eröffnen sich dadurch vermehrt Zugänge zum Unterbewusstsein.

Wollensystem. Im Wollensystem ist der Bereich des Gehirns aktiv, in dem kreativ gedacht wird, vernetztes Denken beheimatet ist und Vernunft und Gefühl zusammenkommen. Personen, die im Wollensystem, das durch den Begriff »wollen« jederzeit aktiviert werden kann, ihren Alltag gestalten, erkennen ihre Chancen und setzen sie um. Im Wollensystem wissen Personen um ihre Ressourcen und Möglichkeiten, nutzen diese und ergänzen sie, wenn nötig, mit denen von anderen Personen. Sie können zwischen Ja und Nein unterscheiden, Entscheidungen treffen und diese mitteilen. Situationen werden im Wollensystem in ihren Einzelheiten wahrgenommen und können für sich und die umgebenden Verhältnisse verwendet werden.

Zugehörtes Wort. Die Aufmerksamkeit der zuhörenden Person liegt beim Zuhören in der eigenen Wahrnehmung. Personen hören dem zu, was sie hören.

Zwangssprache. Durch Sprache und Satzkonstruktionen entworfener Zwang unter der Nutzung von Begriffen, die suggerieren, dass nur diese eine Möglichkeit zur Verfügung steht.

KOMMENTIERTES LITERATURVERZEICHNIS

Grundlagenliteratur

Schinzilarz, Cornelia (2008): Gerechtes Sprechen: Ich sage, was ich meine. Das Kommunikationsmodell in der Anwendung. Weinheim und Basel: Beltz.
Dieses Buch bietet die Basis für das vorliegende Buch. Es ist das Grundlagenwerk zum Kommunikationsmodell Gerechtes Sprechen.

Gelungene Kommunikation – eine Einführung

Csikszentmihalyi, Mihaly (2004): Flow im Beruf. Das Geheimnis des Glücks am Arbeitsplatz. Stuttgart: Klett-Cotta.
In diesem Buch wird aufbauend auf die Glücksforschung herausgearbeitet, wie wesentlich es ist, sich auch in die als positiv bewerteten Gefühle hineinzusteigern.

Feedbackkultur

Keller, Hans (2005): Aufbau und Elemente einer Feedbackkultur. Anleitung für schulinterne Projektgruppen. Zürich: Impulse.
Diese Broschüre entstand in einem Projekt des Kantons Zürich zur Qualitätsentwicklung an Mittel- und Berufsschulen und dient als Handreichung für den Aufbau einer Feedbackkultur.

Strukturiertes Gespräch

Platon (2004): Sämtliche Dialoge, 1 – 7 Band. Hamburg: Felix Meiner (Unveränderter Nachdruck).

Schinzilarz, Cornelia, (2008): Gerechtes Sprechen: Ich sage, was ich meine. Das Kommunikationsmodell in der Anwendung. Weinheim und Basel: Beltz.

Kessels, Jos (2001): Die Macht der Argumente. Weinheim und Basel: Beltz.
Die sokratische Methode der Gesprächsführung in der Unternehmenspraxis. Die in diesem Buch vorgestellten Gesprächsabläufe des strukturierten Gesprächs und des Konsensdiskurses habe ich in Zusammenarbeit mit Professorin Charlotte Friedli entwickelt. Die Regeln des strukturierten Gesprächs sind an den sokratischen Gesprächen Platons in Verbindung mit Gerechtes Sprechen orientiert. Regelmäßig fordert Sokrates seine Gesprächteilnehmer zum Beispiel dazu auf, freundlich zu sein und zu bleiben, am Thema entlangzusprechen und bei der Sache zu bleiben. Und: Im Gerechten Sprechen wird das gesagt, was gemeint ist, um so gemeinsame Ergebnisse möglich zu machen. Zudem bietet Jos Kessels weitere Methoden der besseren Kommunikation an, die auf philosophischen Grundannahmen aufbauen.

Konsensdiskurs

Habermas, Jürgen (1991): Erläuterungen zur Diskursethik. Frankfurt am Main: Suhrkamp.

Habermas, Jürgen (1992): Faktizität und Geltung: Beiträge zur Diskurstheorie des Rechts und des demokratischen Rechtsstaats. Frankfurt am Main: Suhrkamp.
Ich habe mich von den Ideen von Jürgen Habermas inspirieren lassen, die er in seiner Diskursethik entfaltet hat. Allein schon die Ziele eines Diskurses – Transparenz, Konsens, Perspektive – für die berufliche Zusammenarbeit zu übersetzen ist überzeugend.

Erfahrungsaustausch

Damasio, Antonio R. (1997): Descartes' Irrtum. Fühlen, Denken und das menschliche Gehirn. München: List.

Roth, Gerhard (2003): Aus Sicht des Gehirns. Frankfurt am Main: Suhrkamp

Konflikte

In Gerechten Sprechen beschäftige ich mich unter dem Begriff »Gefühlsgerechtes Sprechen« mit dem Zusammenhang von Gefühlen, Sprechen und Zuhören. Aufgrund auch von neurowissenschaftlichen Erkenntnissen ist hier im Wesentlichen festzuhalten, dass Gefühle ein Bewertungssystem darstellen und spontane Gefühle zur Bewältigung von Situationen genutzt werden. Innerhalb dieser Sicht auf die Gefühle ist es nur logisch, davon auszugehen, dass Gefühle einerseits Bestandteil der eigenen Lebensgrundhaltung sind. Andererseits stellen sie spontan, auf der Basis eben dieser Lebensgrundhaltung, gewählte Bewältigungsstrategien dar.

Weiter zu vertiefen ist dieses Thema mit meinem 2008 erschienen Buch: Gerechtes Sprechen: Ich sage, was ich meine.

Pausen sind Pausen sind Pausen...

In Zusammenarbeit mit Professorin Charlotte Friedli habe ich die Weiterbildung »Humor und Gerechtes Sprechen – Die Kompetenzen zum (beruflichen) Erfolg!« entwickelt, die im KICK Institut für Coaching und Kommunikation in Zürich durchgeführt wird. Hier wird auf der Grundlage der Gelotologie, der Neurowissenschaften und der Kommunikationsforschung eine neue Perspektive auf professionelle und private Zusammenhänge geworfen. Wir gehen davon aus, dass eine humorvolle Grundhaltung, die jederzeit gerecht sprechend entwickelt werden kann, die Gestaltung der zwischenmenschlichen Begegnungen professioneller und einfacher werden lässt. Die verschiedenen Humorhandlungen, wie zum Beispiel Lachen und Lächeln, stehen sofort zur Verfügung und werden gewollt und gezielt eingesetzt. Hinweise dazu finden Sie unter www.kick.dich.ch

An der Universität Zürich wird zurzeit unter der Führung von Professor Willibald Ruch eine Studie zur Gelotophobie durchgeführt.

Die grundlegenden Angaben zu den körperlichen Konsequenzen von Lachen und Lächeln sind im folgenden Buch erläutert: Titze, Michael/Eschenröder, Christof T. (2007): Therapeutischer Humor. Grundlagen und Anwendungen. Frankfurt am Main: Fischer.

Gerechtes Sprechen – ein Einblick

Damasio, Antonio R. (1997): Descartes' Irrtum. Fühlen, Denken und das menschliche Gehirn. München: List.
Braingespräche mit verschiedenen Neuropsychologinnen. In diesen Gesprächen verstand ich mehr und mehr, was das menschliche Gehirn zu leisten in der Lage ist. Ich lernte, dass im Gehirn bei der Entscheidungsfindung im Wollensystem andere neuronale Verbindungen aktiviert werden, als wenn sich die entscheidende Person im Zwangssystem befindet. Die Untersuchungen zu diesen Zusammenhängen stehen noch aus.

Gerhard Roth (2003): Aus Sicht des Gehirns. Frankfurt am Main: Suhrkamp.
Das Bild des Menschen, welches ich im Gerechten Sprechen als »Menschen sind in sich geschlossene Systeme« bezeichne, wird hier in gut verständlicher Art und Weise neurowissenschaftlich belegt und begründet.

Mitscherlich-Nielsen, Margarete/Mitscherlich, Alexander (1977): Die Unfähigkeit zu trauern. München: Piper.
Auf Mitscherlich-Nielsen und Mitscherlich geht die Begrifflichkeit der Definitionsmacht zurück. Die Dreiteilung von Bewusstsein, Untergewusstsein und Unterbewusstsein habe ich im Rahmen des Gerechten Sprechens entwickelt. Sie beruht auf zahlreichen Beobachtungen und Auseinandersetzungen, in denen ich herausfand, dass zwischen dem Bewusstsein und dem Unterbewusstsein etwas existiert, das Personen beim Sprechen zur Verfügung steht und das sie durch das Sich-selbst-Zuhören aktivieren.

Empathie

Friedli, Charlotte (2005): Empathie. In: Wörter. Begriffe. Bedeutungen. Ein Glossar zur Sozialen Arbeit der Fachhochschule Aargau Nordwestschweiz. Brugg: Fachhochschule Aargau Nordwestschweiz.
Der Empathiebegriff, wie er im Gerechten Sprechen genutzt wird, entstand in der Auseinandersetzung mit der Professorin Charlotte Friedli. In vielfachen Diskussionen entwickelten wir den theoretischen Hintergrund, der sich aus den Bereichen Kommunikation, soziale Arbeit und Philosophie speist. In der Praxis von Lehre und Beratung erprobten wir diese Form von Empathie, die sich so als relevant und wahrhaftig erwies.

Hören und Zuhören

Linn, Wolfram (2004): Das Wunder Hören. Balance 3/2004. www.balance-online.de.

Karst, Karl (1989): Sinneskompetenz – Medienkompetenz. Kommunikationsfähigkeit als Ziel einer Pädagogik des (Zu-)Hörens. In: medien praktisch. Zeitschrift für Medienpädagogik, Heft 1, 1989. Frankfurt am Main.
Das Wissen über die Vorgänge im Ohr und Gehörgang sind hauptsächlich diesen Studien entnommen. Die Interpretationen und Verbindungen zum Sprechen habe ich daraus abgeleitet.
Imhof, Margarete (2003): Zuhören. Psychologische Aspekte auditiver Informationsverarbeitung. Göttingen: Vandenhoek & Ruprecht.

Imhof, Margarete (2006): Zuhören und Instruktion. Münster: Waxmann.
Die Studien von Margarete Imhof haben mich dazu ermutigt, dem Zuhören einen größeren Stellenwert zu geben. Die Auseinandersetzung, die es hier noch zu führen gilt, dreht sich um die Definition des Empathiebegriffs. In diesen Studien wird unter Empathie das Einfühlen in die andere Person gemeint. Im Gerechten Sprechen wird diese Interpretation der Empathie als Übergriff bewertet, da Menschen allein mit sich selbst empathisch sein können.
   Der im Gerechten Sprechen aufgezeigte Zuhörprozess basiert auf dem Ablauf des Zuhörens, den Margarete Imhof nachzeichnet.

BELTZ WEITERBILDUNG

Sabine F. Gutzeit / Anna Neubauer
Auf Ihre Stimme kommt es an!
Das Praxisbuch für Lehrer und Trainer
119 Seiten. Broschiert.
ISBN 978-3-407-36493-7

Damit die Stimme durchhält: Ein Ratgeber, der die notwendigen Kenntnisse vermittelt: praxisnah, unterhaltsam und damit einfach umsetzbar. Ein Buch, wie es sich Berufssprecher wünschen.
- Transferorientiertes, alltagsnahes Übungsbuch für Einsteiger und Fortgeschrittene.
- Durchhaltevermögen der Stimme gezielt verbessern.
- Für Lehrerinnen und Lehrer, Trainerinnen und Trainer, die ihr »Handwerkszeug« Stimme schulen möchten und ihr Wissen an andere weitergeben.

Elmar Hatzelmann / Martin Held
Vom Zeitmanagement zur Zeitkompetenz
Das Übungsbuch für Berater, Trainer, Lehrer und alle, die ihre Zeitqualität erhöhen möchten
156 Seiten. Broschiert.
ISBN 978-3-407-36494-4

Mehr Zeitwohlstand lautet das Motto der Autoren. Die klar strukturierten Texte und die zahlreichen Übungen machen dieses Buch zu einem leicht verständlichen Arbeitsbuch, das alle nutzen können, die ihre Zeit sinnvoller gestalten möchten.

Aus dem Inhalt:
- Souverän mit Zeit umgehen, Lebensqualität erhöhen.
- Gelungene Kombination aus Theorie und Praxis.
- Viele praktische Übungen.

Beltz Verlag · Postfach 100154 · 69441 Weinheim · www.beltz.de

BELTZ WEITERBILDUNG

Cornelia Schinzilarz
Gerechtes Sprechen: Ich sage, was ich meine
Das Kommunikationsmodell in der Anwendung.
2008. 254 Seiten. Gebunden. EUR 24,90 D
ISBN 978-3-407-36454-8

Gelungene Kommunikation erleichtert das Leben. Eine klare Sprache und gekonntes Zuhören sind zudem wichtige Führungsinstrumente. Cornelia Schinzilarz hat diese Entwicklung erkannt und das Kommunikationsmodell Gerechtes Sprechen entwickelt.

»Eine gelungene Kombination aus Theorie und Praxis, die sich auch gut für das Selbststudium eignet.« *BSO-Journal*

Lis Droste/Monika Hillemacher
Stil und Etikette in unserer Zeit
Aktuelle Umgangsformen, moderne Tischsitten, souveränes Auftreten
2008. 157 Seiten. Broschiert. EUR 16,90 D
ISBN 978-3-407-22621-1

Stilsicheres Auftreten und gutes Benehmen liegen im Trend, nicht nur im Geschäftsleben! Die Autorinnen geben einen alltagstauglichen Überblick rund um moderne Umgangsformen. Abstecher ins Ausland inklusive.
Praktische Tipps, Internet-Adressen und Checklisten runden das Angebot ab. Außerdem können Sie anhand von Quizfragen nach jedem Kapitel gleich Ihre Kompetenz in Sachen Stil und Etikette testen.

Beltz Verlag · Postfach 100154 · 69441 Weinheim · www.beltz.de

BELTZ WEITERBILDUNG

Sandra Masemann / Barbara Messer
Improvisation und Storytelling in Training und Unterricht
2009. 248 Seiten. Gebunden.
ISBN 978-3-407-36472-2

Improvisation und Storytelling sind wirksame Methoden, um mit Gruppen fachlich zu arbeiten. Wirksam deshalb, weil das Wesen der Improvisation, »der Schritt ins Ungewisse«, bereichert und erstaunliche Ergebnisse zutage fördert. Storytelling in Training und Unterricht hilft, Sachverhalte auf den Punkt zu bringen und Erkenntnisse anzustoßen, die einen unglaublichen Lerneffekt haben.

»Ein schön gestaltetes, anregendes und fundiertes Buch für Trainer, Dozenten und Lehrer.« *Training aktuell*

»Der riesige Fundus an Ideen, Anregungen und Tipps lässt sich in jedem Training, in jedem Unterricht einsetzen.« *Spitzenkompetenz*

Gudrun F. Wallenwein
Spiele: Der Punkt auf dem i
Kreative Übungen zum Lernen mit Spaß
6. Auflage 2011. 280 Seiten. Gebunden.
ISBN 978-3-407-36498-2

Spielend lernen: »... eine gelungene Zusammenstellung für alle, die bereit sind, mit etwas Kreativität das Lernen mit dem Spaß zu verbinden.« *Handbuch für Personalentwicklung und Weiterbildung*

»Auf 252 Seiten werden kreative Übungen vorgestellt, die vor, während und nach einem Seminar eingesetzt werden können. Hierzu zählen Bewegungsspiele, Konzentrationsspiele, Lernspiele, Kreativspiele und Antistressübungen. Jedes Spiel enthält Angaben über Ziel, Dauer, Spielerzahl, Materialbedarf, Einsatzmöglichkeiten sowie zum Ablauf.« *wirtschaft & weiterbildung*

Beltz Verlag · Postfach 100154 · 69441 Weinheim · www.beltz.de